高职高专
国际商务应用
系列教材

实用翻译技术

翟映华　陈杲 主编

刘玉贵　赵婉茹　刘笑笑 副主编

U0360703

清华大学 出版社

北京

内 容 简 介

本书立足于翻译岗位的实际需求,以案例为载体,以应用为导向,结合具体场景,精简讲解翻译技术的基础知识及实用技能。本书主要内容包括译前处理、译中处理、专题学习三大部分,每章包含"本章导读""基础知识""案例解析""综合练习"四个模块,由浅入深,循序渐进,帮助读者掌握翻译技术的基础知识和实际操作技能。各章内容相对完整、独立,可整体教学,也可根据课时进行调整。

本书可作为高等职业院校工商管理、国际经济与贸易、商务英语等相关专业的教材,也可作为翻译技术初学者的参考用书。

本书封面贴有清华大学出版社防伪标签,无标签者不得销售。

版权所有,侵权必究。举报:010-62782989,beiqinquan@tup.tsinghua.edu.cn。

图书在版编目(CIP)数据

实用翻译技术/翟映华,陈杲主编.—北京:清华大学出版社,2023.12
高职高专国际商务应用系列教材
ISBN 978-7-302-65045-4

Ⅰ.①实… Ⅱ.①翟…②陈… Ⅲ.①翻译-高等职业教育-教材 Ⅳ.①H059

中国国家版本馆 CIP 数据核字(2023)第 251508 号

责任编辑:强　溦
封面设计:傅瑞学
责任校对:袁　芳
责任印制:刘海龙

出版发行:清华大学出版社
网　　　址:https://www.tup.com.cn,https://www.wqxuetang.com
地　　　址:北京清华大学学研大厦 A 座　　　　邮　　编:100084
社　总　机:010-83470000　　　　　　　　　　邮　　购:010-62786544
投稿与读者服务:010-62776969,c-service@tup.tsinghua.edu.cn
质量反馈:010-62772015,zhiliang@tup.tsinghua.edu.cn
课件下载:https://www.tup.com.cn,010-83470410

印　装　者:小森印刷霸州有限公司
经　　　销:全国新华书店
开　　　本:185mm×260mm　　　印　　张:14.5　　　字　　数:330 千字
版　　　次:2023 年 12 月第 1 版　　　印　　次:2023 年 12 月第 1 次印刷
定　　　价:48.00 元

产品编号:094884-01

前言

近年来,利用翻译技术提高工作效率已经成为语言服务行业中的一种普遍实践。党的二十大报告指出,要推动战略性新兴产业融合集群发展,构建新一代信息技术、人工智能、生物技术、新能源、新材料、高端装备、绿色环保等一批新的增长引擎,构建优质高效的服务业新体系。推动翻译技术的教学与普及随之成为翻译及相关学科的一项重要课题。翻译技术贯穿于翻译项目的整个生命周期,翻译技术的应用能力已成为现代职业译员的必备素质。

本书旨在向读者讲授翻译技术的基本理论和实践知识,培养读者的基础翻译能力和技术应用能力。读者通过学习相关课程,能够掌握翻译过程中所需的关键技术和工具,使用技术工具完成常见的翻译任务,提高翻译效率和质量,为日后的翻译实践和专业发展打下坚实的基础。

本书是翻译技术教学的实用基础教材,目的在于为读者提供翻译技术通识,帮助读者提高跨语言、跨文化交流能力,改善翻译质量,提高翻译水平与工作效率。本书内容以应用为导向,结合具体使用场景介绍能够快速习得的翻译技术,讲解方式简明扼要、通俗易懂;编排主要通过案例解析要点,避免过度介绍理论知识而忽视实践能力的培养;软件选取便捷易用,尽量使用免费或收费较低的云平台或本地软件。本书主要内容包括译前处理、译中处理、专题学习三大部分。

译前处理主要包括文件格式与转换、网络搜索、桌面搜索、Word 进阶应用等内容。这部分内容的学习虽然是针对翻译的,但其中不少知识与技能是可迁移的,有助于大幅提高日常办公效率。

译中处理主要包括计算机辅助翻译、语料库应用、术语库应用、译前译后编辑等内容,这部分内容针对普通翻译而设,旨在帮助读者通过利用技术提高翻译质量与效率,并借此提高项目管理能力。

专题学习主要包括质量保证工具应用和影视字幕翻译,供学有余力的读者学习,旨在提高特定场景中的语言处理能力。

总体而言,本书主要有以下三个特点。

1. 针对普通读者,实用易上手

本书以高等职业院校学生及入门读者的需求为出发点,内容选择上避免过于深奥,注重实际能力的训练,引导学习者进行上机操作,培养实际翻译技术及项目管理技能。

2. 章节完整、独立、灵活可自学

本书充分考虑了高等职业院校的教学情况，各章内容相对完整、独立，便于教师根据教学实际选择内容，也方便读者自学。全书分为 10 章，可整体使用，也可根据课时进行调整，各章内容各有侧重。每章包含"本章导读""基础知识""案例解析""综合练习"四个模块，由浅入深，循序渐进，帮助读者掌握基础知识，熟悉实际应用。

3. 贴近行业实践，翻译工具经济实用

本书选取的案例与内容尽量贴近行业实践与岗位工作内容，以实操内容为主。考虑到高职学生及入门读者的学习条件，本书讲解的工具多数是免费或收费较低的，确保读者能进行相关的实际操作，掌握技能，到职场中真正应用所学，实际提升学生的职场竞争力。

本书由翟映华担任第一主编，负责组织编写团队；由陈杲担任第二主编，负责制定全书框架，审核书稿。刘玉贵、赵婉茹、刘笑笑担任副主编，负责编制风格指南，编写部分章节。具体编写分工如下：陈杲负责编写第 1 章；赵婉茹负责编写第 2 章；刘笑笑负责编写第 3 章；赵婉茹、张艺鸿负责编写第 4 章；翟映华负责编写第 5 章；林海颐负责编写第 6、7 章；刘玉贵、刘笑笑负责编写第 8 章；杨艳丽负责编写第 9 章；高书冕负责编写第 10 章。

翻译技术发展日新月异，由于编者水平有限，书中难免存在疏漏或不足之处，敬请广大读者批评、指正。

编　者

2023 年 10 月

本书讲解的翻译工具

目录

第三部分　专题学习

第一部分

译前处理

文件格式与转换

1.1　本章导读

在工作中,我们常常会碰到各类不同的文件格式,了解常用的文件格式并且知道如何通过工具转换文件格式,能够破除文件格式的壁垒,提高工作效率。

无论我们所要处理的文件是哪种格式,其核心要素都是信息与形式。我们在此所说的形式,是指信息呈现与承载的实现形式。例如,我们在读一本电子书时,书中的文字为我们提供了信息,同时,电子书又通过加粗、下划线、分段、编号等各类形式将文字呈现出来。除了信息的呈现形式,我们还要关注信息的承载形式。软件或硬件开发者为了实现特定需求,或是受限于不同时空的技术水平,可能采取不同的技术路径,采用不同的承载形式,推出不同类型的文件格式及版本。诸如文本、音频、视频等不同类型的呈现形式,可能因为厂商不同、代际差异等原因而存在各类不同的文件格式,需要我们借助技术手段加以转换,从而在具体场景中实现信息转换。

本章将介绍的实用技术包括以下内容。

(1)光学字符识别(OCR)。利用光学字符识别技术,可以将图片等媒介形式中的文字识别出来,变成计算机易于处理的文本。

(2)语音转文本(STT)。利用语音转文本技术,可以将语音转换为文本,不仅便于快速浏览,而且便于计算机做进一步处理。

(3)文本转语音(TTS)。利用文本转语音技术,将文字转换成语音,可用于不便阅读的情况,也可用于配音。

这些技术帮助我们突破媒介载体的限制,实现信息呈现形式的转换,不仅是提高信息处理效率的有效方式,还是进一步处理信息的基础。例如,客户提供了一份英语版 MP3 格式文件,希望我们能够提供对应的汉语版 MP3 格式文件,有了语音转文本技术,我们便可以快速听写原文件内容,通过机器翻译快速译为中文,在译后编辑的基础上,利用文本转语音技术为客户提供对应的汉语版 MP3 格式文件。

纯文本(plain text)是我们进行各类格式转换的一种重要中介。纯文本是人与计算机交互的一种基础形式,我们可以认为纯文本只承载信息,而不关注信息的具体实现形式。不过,我们可能也需要在文本格式间做转换。例如,我们有可能需要将 PDF 格式转为 DOC 格式,将图片格式转换为表格,将 DOCX 格式批量转换为 TXT 格式等。不同文本呈现形式的转换也是我们要学习的重点。本章中,我们不仅要学习不同文件格式的转换,还需要学习文件格式转换过程中出现的问题,为种类繁多的文件格式转换奠定自行处理的基础。

在计算机处理信息的过程中,计算机要将二进制的代码转换为人类能够直观读懂的文字,也要将人类所认识的文字转换为二进制的代码,做出存储与处理等一系列操作,这便是计算机编码与解码的过程。在计算机的发展过程中,文字编码不断进化发展,但也依旧存在不少遗留问题,使我们在使用过程中常常碰到乱码问题。因此,除了学习不同格式的转换,我们还有必要了解字符与编码,使我们在碰到乱码问题时,能够有解决思路。

本章将主要实现以下两个目标。

(1) 学习字符与编码,了解出现乱码的原因,学习乱码的常见处理方式。

(2) 学习格式转换,为各类格式的文本处理奠定基础。

1.2 基础知识

1.2.1 字符与编码

我们在计算机上所见到的文字,无论是汉字、字母、数字还是特殊符号,其实都是字符。计算机以二进制的方式实现信息的存储,要在屏幕上呈现具体的文字,就要通过具体的字符编码实现。总体而言,字符编码发展经历了原生、本地化、国际化三个阶段,系统内码也相应经历了 ASCII、ANSI、Unicode 三个阶段,如表 1-1 所示。了解了这三个阶段,我们才能知道乱码产生的原因和解决方法,并且在具体软件的应用过程中,将文件保存为该软件适用的编码格式。

表 1-1　字符编码发展阶段

阶　段	系统内码	说　　明
原生	ASCII	ASCII(American Standard Code for Information Interchange,美国信息交换标准代码)是计算机发展早期使用的编码,最早只用于显示英语和一些拓展字符,后拓展至其他西欧语言
本地化	ANSI	ANSI(American National Standards Institute,美国国家标准学会)编码支持的语言范围拓展至汉语等象形文字,由各国家/地区与机构依据这一标准分别制定相应编码,如汉语的 GB 2312、BIG5、GBK 等

续表

阶 段	系统内码	说 明
国际化	Unicode	Unicode(统一码、万国码、单一码)是国际组织制订的字符编码方案。该编码为各种语言中的每一个字符设定了统一并且唯一的数字编号,理论上可以容纳所有文字和符号,可满足跨语言、跨平台进行文本转换、处理的要求

在原生阶段,计算机刚刚在美国发明,容量非常有限,用于显示的字符也只要能支持英语中的常见字符即可,因此,能够提供 256 个码位的 ASCII 编码足以满足需求。随着计算机技术进一步发展,计算机能够给字符提供的码位进一步增加。同时,计算机开始进入其他国家和地区,需要支持的字符也就更多,编码开始进入本地化阶段,各个地区根据 ANSI 标准编制支持本地字符的编码。在这一阶段,虽然计算机的容量有所提升,但能够提供给字符的码位也依旧有限,因此,同样的码位在不同的地区所代表的字符就可能有所不同。此时,一封从日本发出的邮件,在中国的计算机上打开时,见到的可能是汉字,但合在一起并不能提供有意义的信息,也就出现了我们常说的乱码现象。此后,计算机容量进一步提升,完全能够为所有字符都分配一个独有的码位,字符编码的国际化阶段也随之而来,Unicode 系列编码(包括 UTF-8、UTF-16、UTF-32 等)理论上能够为所有字符提供唯一码位,乱码问题也就随之减少。

然而,我们常常会遇到文件、网页、软件中存在乱码的问题,其主要原因仍然是编码和解码时遵循的编码方式不统一。同时,一些软件由于编写时采用的编码格式并非 Unicode,在使用时可能也无法为 Unicode 提供支持。遇到乱码,我们通常可以找到正确的解码方式,将乱码变成我们可以直接解读的文字或符号。

1.2.2 常见媒介类型

常见媒介类型是指我们在计算机上处理语言服务相关信息所经常涉及的媒介类型,主要包含文本、语音、图片三种类型。这三种类型是我们处理相关信息的基础形式,掌握其处理方式就有了进一步处理视频等其他格式的基础。

文本是计算机最易于处理的媒介形式,大量的数据信息处理都以文本为中介完成,计算机要完成各类格式的转换,通常都离不开文本。无论是 OCR、STT 还是 TTS,本身都离不开文本:OCR 和 STT 生成的是可编辑的文本,TTS 则利用文本生成语音。

语音的优势是直观,语音输入与语音转文本技术解放了我们的双手与双耳,极大地提高了信息传输的效率。我们有时需要将语音转换成文本,或者将一种语言的语音转换成另一种语言的语音,还有时候需要将文本转换成语音。这些工作通常通过人工听录、人工配音等方式完成,但若时间紧迫,或预算不足,这些工作也可以借助相关技术完成,虽然质量不如人工,但可以满足基本需求。

以图片形式呈现的文字是计算机无法理解的,因而通常要将图片上的文字转换成可编辑的字符,才能依靠计算机处理相关信息。例如,客户提供了一张照片,要求我们将上面的英文快速翻译为中文以供参考,此时首先要将图片转换为可编辑的文字,再通过机器翻译完成基本信息的转换。

1.3 案例解析

了解编码格式后，我们就有了处理乱码所需的基础知识。在本节中，我们将学习部分乱码情况的处理方式。此外，我们还将讲解语音、文本、图片等不同媒介类型之间的相互转换。

1.3.1 乱码处理

如前所述，乱码主要是由于编码与解码不一致导致的，通过更改编码方式或解码方式使二者一致，便可解决乱码问题。在翻译软件中，我们通常难以更改解码方式，此时我们需要通过更改编码的方式来解决乱码问题；在网页中，我们通常难以更改编码方式，此时我们就需要通过更改解码方式来解决乱码问题。

1. TXT 编码更改

TXT 格式是纯文本的保存格式，常见的文本编辑器，如 Word、Windows 系统自带的记事本等都可以直接打开。用记事本打开 TXT 文档时，右下角会显示该文档的编码格式。当我们需要修改文件编码格式时，我们可以单击"文件"，选择"另存为"，并在对话框中将编码格式设置为所需的编码。

这种方式不仅用于解决 TXT 文件的乱码问题，也用于更改 TXT 格式的文档编码，使其符合处理工具的要求。例如，北京外国语大学的 ParaConc 语料处理软件仅支持 ANSI 编码，需要将 Unicode 格式的文档照这一方法转换成 ANSI 格式，如图 1-1 所示。

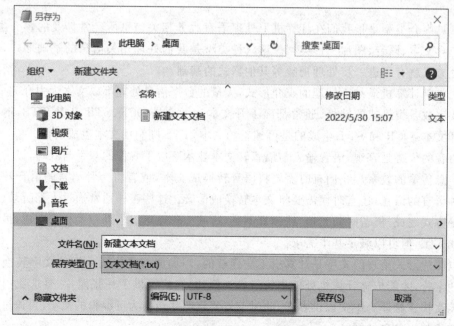

图 1-1　另存为 TXT 格式以更改编码

2. CSV 乱码纠正

如图 1-2 所示，一份从数据库中导出的 CSV 文件出现了乱码，基本可以判断是编码不正确导致的，将该文件保存为正确的编码格式即可。

Filename	Run Count	Last Run Date
D:\software\tianruoV4.47\渲十婆OCR鎉囧赴璇唠塲.exe	6	1.329E+17
D:\software\ofiice2016\office2016婋∠昕鏈笔KMSAuto Net.exe	5	1.32902E+17
\\BON-LION\Brian\Project\渝烆敫鈔昏瘟€鏈　旽绬?4,132902530154855306　　\\BON-LION\usbshare1-1\鲞垮官鎉毡枠绉毡妩鏈复檩璐 d 换鎽绬徃\鲞垮　鍩哄溄鎽ラ↳\2021 鍩哄溄鎽ラ↳	4	1.32865E+17
D:\software\EmEditor Professional v13.0.5\EmEditor\EmEditor.exe	4	1.32859E+17
C:\$RECYCLE.BIN\S-1-5-21-3673421196-2154311799-2778244210-500\	3	1.32902E+17
C:\Users\Administrator\Desktop\鎉板缓鎉囷欢渲?(2)\20211124 绗绨簅绔?	3	1.32902E+17
C:\Users\Administrator\Desktop\~$211124 绗绨簅绔?鏈哄溄鏒鈔昏瘟拳旂彯	3	1.32902E+17
E:\鎉毡枠绉毡妩logo	3	1.32846E+17
E:\闀贱 0 璇跌▉璧勘骏绠＄慈骞冲杓\璇跌▉浠 g 燦琛?xlsx	2	1.32903E+17

图 1-2　CSV 乱码示例

出现这种情况是因为在使用 Excel 打开 CSV 文件时，需要利用文件头的 BOM 来识别编码，如果保存的 CSV 没有 BOM 文件头编码，则 Excel 会按照默认编码读取文件，如果文件编码与 Excel 的默认编码不一致，则会出现乱码。在这一案例中，我们只需使用记事本将该 CSV 文件打开，另存为"带有 BOM 的 UTF-8"编码，再使用 Excel 打开时，即可正确读取文件。

3. 网页乱码纠正

有时，一些网站没有使用最新的 UTF 编码，很有可能出现乱码问题。此时，我们只需要将浏览器的解码方式更改为相应的编码，就可以解决乱码问题。IE、360 等浏览器可以通过右击网页直接更改编码，将浏览器所使用的编码方式调整成与网页一致的编码即可解决乱码问题。Chrome、Edge 等浏览器不支持直接右击更改编码，可考虑暂用其他浏览器或使用高级设置更改编码。

1.3.2　光学字符识别

光学字符识别（optical character recognition，OCR）技术是将图片中的文字转换为可编辑文字的一种技术手段。我们在翻译或日常办公中常常要用到光学字符识别技术。例如，客户提供了一本纸质书需要翻译，我们通常不会直接对照书本翻译。对照书本的内容进行翻译，不仅过程烦琐，无法利用划词等方式快捷查词，而且不利于机器翻译、计算机辅助翻译、机器检查等翻译技术的应用。此时，我们通常先将纸质书扫描成电子版，再利用光学识别技术将字符转换为可编辑的文本文件，然后在此基础上选用计算机辅助翻译或机器翻译等形式完成翻译。

1. PDF 转 Word

PDF 是一种常见的文档格式，因其在不同计算机中打开皆可保持原有样式的特性而被广泛使用。在翻译活动中，我们常常会收到客户发来的 PDF 文件，要求我们提供报价。即使是我们自己需要翻译内容，也通常需要在转换出准确文本的基础上进行。对于可编

辑的 PDF 文档，我们有多种方式可以转换为 Word 文档，以便统计字数，完成翻译。以下介绍利用 ILovePDF 网站转换可编辑 PDF 文档的方法。

ILovePDF(ilovepdf.com)是集成多种 PDF 文档处理功能于一体的 SaaS 网站，可以实现 PDF 压缩、拆分、合并、转换等多种功能，如图 1-3 所示。其中，PDF 转 Word 功能每次可免费处理一份 PDF 文档并免费下载。需要注意的是，该功能虽然支持 OCR，但是不支持中文字符的识别，因此应在转换可编辑的 PDF 文档时使用。对于不可编辑的扫描文档，可以使用 ABBYY FineReader 等专业工具做识别转换。

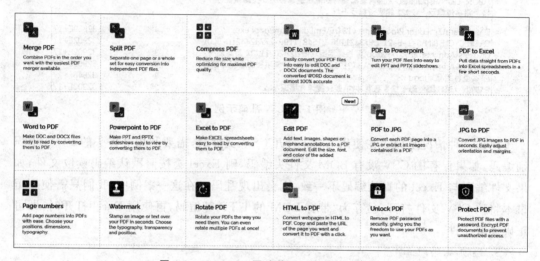

图 1-3　ILovePDF 网站首页展示的部分功能

2. 搜狗 OCR

我们知道，QQ 截图、微信图片的"提取文字"等方式都可以将图片中的文字提取出来，变为可编辑内容。这些方式非常适合用来识别临时性的少量内容，在特定的场景中也非常方便。不过，有时我们可能不想打开专门的软件来做识别，此时利用已经打开的搜狗输入法来截图识别就十分方便。

在搜狗输入法激活状态下按下 Ctrl＋Shift＋M 快捷键，即可调出搜狗输入法菜单。调出菜单后，再按下 Ctrl＋Shift＋O 快捷键，即可调出搜狗输入法的智能输入助手，如图 1-4 所示。利用搜狗智能输入助手，我们可以利用"图片转文本"或"截屏"完成识别转换过程，获得可编辑的文字。若识别内容为完整文字，但有一定数量的错误识别内容，我们还可以复制文字内容，将其粘贴到"智能写作"中，由搜狗提供智能纠错建议，以较快的方式识别常见错误。如果有翻译需求，我们也可以直接在"在线翻译"中粘贴文字，完成多语言的翻译。

利用搜狗智能输入助手的这一过程，实际上与我们平时完成翻译的完整过程类似。首先利用技术完成待译文本的处理，使其易于处理；其次利用机器完成"入口检查"，确保输入的内容没有错误；最后在完成处理的基础上完成翻译。虽然这些技术的处理准确度还有待提升，但是利用这些技术，可以极大减轻人工处理的负担，从而提高处理效率。

图 1-4　智能输入助手

3. 天若 OCR

天若 OCR 是一款接入了多种光学字符识别应用程序接口（API）的集成 OCR 工具，可实现手写字体识别、表格识别等多种功能，分为免费版和专业版。除了官方推出的版本，另有基于早期免费版推出的开源版，此处讲解开源版。该软件与搜狗 OCR 类似，适合用来处理小批量的临时性需求，如图 1-5 所示。

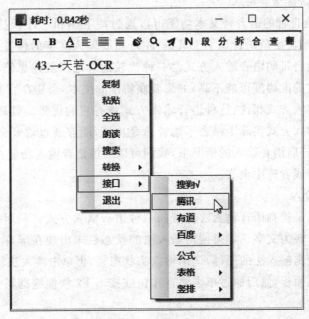

图 1-5　天若 OCR 软件

下载软件解压后,无须安装,只需双击 exe 图标,即可启动软件。该软件启动后会自动最小化至任务栏右侧,需要使用时,可按 F4 快捷键或双击任务栏上的软件图标,即可开始截图。按下鼠标左键,拖动截图区域,即可完成截图。完成截图后,将会跳出识别结果窗口。由于开源版调用的是免费的 OCR 识别接口,因此可能出现接口无法使用的情况。此时可以在截图结果窗口右击,在接口中选择"搜狗"或"有道",再次尝试即可。在这一菜单中,还有转换功能,可实现中英文标点符号、简繁体、英文大小写转换,而且可将汉字转为拼音。

由于开源版缺少维护,目前有不少附加功能已经无法使用,不过其核心功能依旧可以使用,如识别文字后的拆分、合并等功能,可以分别点击识别结果中的"拆""合"图标,从而获得更好的段落拆分格式。

1.3.3 语音转文本

语音转文本(speech to text,STT)又称自动语音识别(automatic speech recognition, ASR),可以利用语音识别技术将语音转换为文字,在语音控制、语音听写、语音转写等领域被广泛应用。利用语音听写,我们可以将语音内容转录为文字,并在此基础上进行编辑,这一技术在语言服务领域已经得到较为广泛的应用。例如,要在视频会议中提供双语实时字幕,首先要做的就是将语音内容听写为文字,然后在文字基础上提供机器翻译译文。语音转写则是将已有的录音转换为文字,与语音听写没有本质区别,可以用于会议记录生成、字幕生成等场景。本节主要以 Windows 系统自带的语音输入功能、搜狗语音输入为例讲解语音听写,以搜狗听写讲解语音转写,但不介绍利用智能语音鼠标、录音笔等硬件提供的语音输入与语音转写。

1. Windows 系统语音输入

Windows 系统自带的语音转文本功能可以通过按下 Win＋H 快捷键调用。按下该快捷键后,桌面顶端将出现语音识别工具栏,左击需要输入文字的位置,即可通过语音方式输入内容。系统自带的语音输入方式是一种比较适合用来叙述思路的快捷输入方式。不过这种输入方式的准确度可能不高,如果要获得准确文本,需要在后期做较多的编辑工作。与其他语音输入方式相比,这种语音输入方式也有它的优势。其最主要的优势在于系统自带的语音输入方式实际上结合了语音命令功能,能够通过语音命令控制我们的一些操作。例如,在开启语音输入的情况下,我们可以通过语音输入功能在 Word 当中选中某一个段落的内容或者选中全文。

2. 搜狗语音输入

搜狗语音输入是搜狗语音输入法自带的一种语音输入方式。利用搜狗语音输入,我们可以快速将语音转为文字。如果搜狗输入法的状态栏未出现在屏幕上,我们首先要在任务栏右侧单击搜狗输入法的图标,调出输入法状态栏,再单击输入法状态栏中的麦克风图标调出语音输入面板,然后通过单击语音按钮或按下 F2 快捷键即可开启语音输入,如图 1-6 所示。

如有需要,可通过输入法状态栏左边的搜狗输入法图标进行语音输入快捷键设置,以

图 1-6　搜狗语音输入调用方式

便快速调用语音输入。单击图标后再单击更多设置。在"按键"菜单项下启用系统功能快捷键,选择"系统功能快捷键设置",勾选"语音输入"选项,并选择搭配的快捷键即可。本案例中选用 Ctrl＋Shift＋A 作为语音输入的快捷键,则在输入法激活状态下,按一下相应的快捷键即可快速启用语音输入面板。除了利用计算机自带的麦克风之外,如果计算机没有安装麦克风,还可以在语音输入面板的右上角单击二维码图标,通过手机扫描二维码,用手机的麦克风完成语音输入。

　　3. 搜狗听写

　　与讯飞听见(详细用法见 10.3.2 小节)类似,搜狗听写也通过网页提供语音转写服务,只是识别的语种相对少一些。利用语音转写服务的目的主要是将已有的语音文件中的内容提取出来,为进一步的处理做好准备。搜狗听写除了网页版外,还提供 iOS 版和安卓版。目前网页版支持时长不超过 5 小时、大小在 2GB 以内的录音文件转写。

　　打开网页后,点选"语音转文本"选项卡,即可上传待转换文件,登录后新用户可获得 1 小时免费转换时长。上传完成后,单击"开始体验转写"按钮,即可完成相应文件的转写并下载。搜狗听写支持多文件同时上传转写,可识别中、日、英、韩等语言内容,识别完成后可以提供智能辅助矫正、智能纠错、区分说话人等多种编辑选项,从而提高转写质量(见图 1-7)。

图 1-7　搜狗听写语音转文本界面

1.3.4　文本转语音

　　文本转语音(text to speech,TTS)通过语音合成技术将文本转换成语音,在生产和生

活中应用广泛。我们不仅可以借助文本转语音技术为视障人士提供帮助,让他们能够借助语音了解屏幕上的内容,还可以将文本转换成语音形式,应用在语音审校、机器配音等多种场合。

1. Edge 浏览器朗读

在 Edge 浏览器中,我们可以在地址栏中单击"大声朗读"图标或按下 Ctrl+Shift+U 快捷键启用朗读功能。启用朗读功能后,在地址栏下方将出现"大声朗读"相关的操作面板,可选择上一条或下一条朗读内容。在操作面板右侧的语音选项下,可以选择朗读的速度、朗读语种及说话人。由微软提供的这一朗读功能提供了性别、音色、语气各不相同的各种朗读方式,可以视需要选用,如图 1-8 所示。

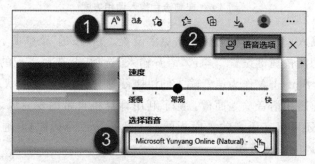

图 1-8　Edge 浏览器朗读功能启用步骤

除了朗读网页外,我们也可以利用这一功能将特定文本朗读出来,甚至可以利用第三方的系统内录软件,将朗读的声音录制后转为音频文件。若想要朗读特定文本,只需将相应文本放入 TXT 文档中,打开 Edge 浏览器,将该文档拖放到浏览器中打开,即可利用浏览器完成朗读。

2. Word 朗读

与 Edge 浏览器朗读相类似,Word 也有朗读功能,只是无法设置朗读速度与说话人,且需要单独调用,适合用于语音校稿。要调用这一功能,可以将"朗读"添加到自定义功能区或快速访问工具栏。此处介绍将朗读功能添加到快速访问工具栏的方法,如图 1-9 所示。

要在快速访问工具栏中添加朗读按钮,首先需要依次选择"文件""选项"进入 Word 选项设置界面,如图 1-9 所示,打开 Word 选项后,依次选择"快速访问工具栏""不在功能区中的命令""朗读",将朗读命令添加至右侧,最后单击"确定"按钮,即可在 Word 中添加朗读命令。在"自定义功能区"中添加该命令的方式也类似,此处不再赘述,如图 1-10 所示。

添加完成后,即可在 Word 左上角看到一个朗读图标,此时选中希望朗读的内容,再单击该图标即可启用朗读功能。除了直接单击图标外,也可使用快捷键调用朗读功能。本例中,朗读功能位于快速访问工具栏第四位,只需选中朗读内容后按 Alt+4 快捷键即可快速调用朗读功能。

3. Azure 文本转语音

Azure 是微软提供各类服务的云平台,其文本转语音服务与 Edge 浏览器和 Word 中

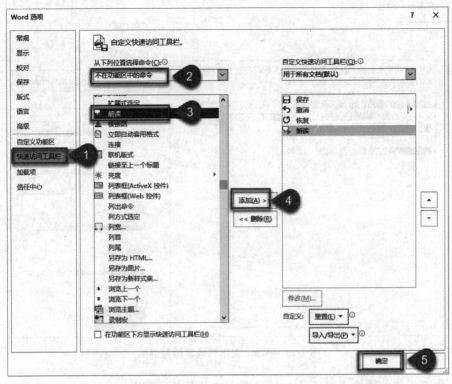

图 1-9　在 Word 中添加朗读功能

图 1-10　快速访问工具栏的朗读图标

的朗读服务都采用同样的语音引擎,只要通过网页即可获得文本转语音服务。前往 https://azure.microsoft.com/zh-cn/services/cognitive-services/text-to-speech/#overview 后下拉页面,即可看到文本转语音试用界面,如图 1-11 所示。

　　在页面左侧的输入框中输入需要转为语音的文本,并在右侧设置语言、语音、说话风格、语速、音调后,即可播放。

　　Azure 还提供了语音合成标记语言(SSML)版本,供用户标注不同文本的声音效果,从而实现同一文本转换为不同说话人、语调、语速、音调的效果,进而一次性生成多人对话等适用不同场景的语音。如果需要保存音频格式,利用第三方内录软件。

　　4. 剪映朗读

　　随着文本转语音技术的不断成熟,为了方便创作者,剪映、必剪、PR 等众多视频剪辑工具已经开始提供文本朗读功能。应用这些视频剪辑软件所提供的朗读功能,我们不仅可以为视频配音,还可以通过导出转换格式的方式,将生成的视频转换为音频格式。这些

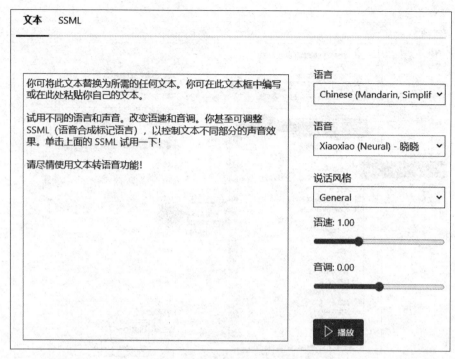

图 1-11 Azure 文本转语音试用界面

贴合创作者需求的软件提供了大量特色鲜明的讲述人,可以生成颇具特色的语音内容。不过,国内的软件虽然功能丰富,但是较为遗憾的是对于其他语种的支持相对较弱。

此处以剪映 PC 版为例,讲解剪映朗读功能,如图 1-12 所示,手机版剪映的朗读功能启用方式与此相类似。

图 1-12 剪映 PC 版朗读功能

下载并启用剪映后,在主界面单击"开始创作"按钮可进入如图 1-12 所示的创作界面。在创作界面首先单击"文本"按钮并新建文本,再在播放器中的文本框内输入想要朗读的文本,然后在右侧的菜单栏中选择"朗读"。选择讲述人声音类型后,即可试听朗读效果,如对效果满意,可选择"开始朗读",生成相应的音频,此时在下方的编辑栏中可见到对应的音频波形。生成音频后,只需单击右上角的"导出"按钮,将其保存为视频格式即可。如有需要,可再通过"格式工厂"等工具将其转换为音频格式。

1.4 综合练习

本章介绍了多种文件格式与转换技术,除了本章中介绍的各类软件外,还有不少应用此类技术的软件。请使用本章介绍的相关技术,完成以下练习。

(1) 使用手机拍摄本章导读的内容,利用 OCR 技术将其转换为计算机上可编辑的版本。在此过程中,请试用各类软件,对比识别效果。

(2) 将第(1)题获得的识别结果利用 TTS 技术转换为语音,并保存为 MP3 格式。本章中未具体介绍内录或格式转换方法,请探索适用的软件和方法。

(3) 完成第(2)题后,利用 STT 技术将获取的语音再次转换为文本,利用 Word"审阅"选项卡下的比较功能,查看两者的区别。

网 络 搜 索

2.1 本章导读

　　互联网已经成为现代译员必不可少的工具，在辅助翻译过程中它主要有两点优势：第一，搜索范围广，互联网存储着海量信息，能够实现精确查询，提高翻译准确性；第二，搜索速度快，相比翻阅纸质字典和书籍，互联网搜索更为迅速便捷。但同时，网络信息纷繁复杂，只有通过合理的搜索，才能高效地获取所需要的资料。网络搜索能力是翻译技术能力的重要组成部分，也是翻译能力的基本构成之一，要成为一名合格的译员，必须懂得如何快速、精准地进行网络搜索。

　　为了帮助读者树立网络搜索意识、提高网络搜索能力，本章主要围绕着两点展开：一是详细说明在翻译过程中常用的网络搜索方法，包括搜索语法、布尔逻辑检索、高级搜索、自定义搜索、图片搜索；二是推荐一些有助于翻译实践的实用网站和软件资源。

　　本章将主要实现以下三个目标。

　　(1) 培养翻译工作中的搜索意识。

　　(2) 高效运用搜索引擎的方法和技巧。

　　(3) 了解翻译实践的网站资源。

2.2 基础知识

2.2.1 搜索引擎的定义与分类

　　搜索引擎(search engine)是在互联网上专门为用户提供信息检索服务的一类网站。根据工作原理的不同，搜索引擎可分为全文式搜索引擎(full text search engine)、目录式搜索引擎(directory search engine)和元搜索引擎(meta search engine)。

1. 全文式搜索引擎

全文式搜索引擎是应用最广泛的搜索引擎。它自动在互联网上大量提取各个网站的信息,在对信息进行加工和整理后,建立数据库,根据用户查询条件在数据库内进行检索,并按照一定顺序为用户提供所匹配信息的地址。全文式搜索引擎的优点是信息量大、更新及时,缺点是信息准确性可能不高。我们常用的谷歌、百度、必应等都是全文式搜索引擎。

2. 目录式搜索引擎

目录式搜索引擎是最早出现的一类搜索引擎,但严格来说,它其实是一个按照目录分类提供网站链接的索引工具。目录式搜索引擎通常由人工或机器收集信息,再由专业人员对收集到的信息进行甄别和分类,从而构建数据库以供用户查询。用户可以通过分类目录逐层查找所需信息,也可以通过关键词进行检索。由于人工的参与,目录式搜索引擎的信息分类更准确,但缺点是维护成本高、信息量有限、更新不及时,代表有搜狐网和新浪网。

3. 元搜索引擎

元搜索引擎并不收集网站或网页信息,也没有自己的数据库,而是将用户的查询请求同时递交给多个其他搜索引擎,然后将返回的结果进行重复排除和重新排序,作为自己的结果返回给用户。简单来说,元搜索引擎是建立在独立搜索引擎之上的搜索引擎,其优点是查找范围广、查询结果信息量大,缺点是用户需要做更多筛选,代表有 MetaCrawler 和 dogpile。

2.2.2 常用搜索引擎的介绍

本章主要介绍百度、谷歌和必应这三个全文式搜索引擎,它们都包含网页搜索、视频搜索、图片搜索等多种功能,但各有特点和优势。

1. 百度搜索

2000 年,李彦宏和徐勇创建了百度公司,推出独立搜索门户。至今,百度搜索已经发展成全球最大的中文搜索引擎。百度默认进行网页搜索,但用户也可选择在"视频""音乐"等单个目录下进行搜索,以此限定搜索范围。百度还提供"百度识图"功能,能够识别图片来源并推荐相似图片;支持高级检索语法和可视化的高级检索,能够帮助用户进行更精准的搜索;具有智能纠正关键词功能,用户通常无须担心单词拼写错误;用户如果缺乏明确的关键词,还可以考虑使用百度推荐的联想关键词和相关搜索功能。

百度专注于中文网页的搜索,比较了解中国用户的使用习惯,但其缺点是由于采用了竞价排名模式,广告过多。在搜索中文信息时,译员可把百度作为首选的搜索引擎。

2. 谷歌搜索

1998 年,拉里·佩奇和谢尔盖·布林共同创建了谷歌公司并开发了谷歌在线搜索引擎,目前,谷歌是全球最大的搜索引擎。谷歌的大部分功能与百度相似,默认进行网页搜

索,但用户也可以自行选择在"图片""音乐""视频""地图""新闻"等目录下进行搜索。谷歌也具备识图、智能纠正关键词、提供联想关键词、提供相关搜索链接等功能,支持通过搜索语法进行搜索,具有可视化的高级搜索页面。谷歌收录了 149 种语言,查全率、查准率高,广告较少,译员查询英文信息时,可首选谷歌搜索引擎。

3. 必应搜索

2009 年,微软公司在全球发布搜索品牌"Bing"(国际版)和中文搜索品牌"必应"(国内版)。必应默认对网页进行搜索,同时也提供"图片""视频""资讯"等栏目。能够智能纠正关键词、推荐联想关键词、提供相关搜索链接、支持搜索语法。必应国际版拥有一个亮点——支持取词翻译,用户把光标停留在搜索结果页面的任一英语词汇上,即可获得该词的中文解释。但必应不具备可视化的高级搜索页面,数据库也不如谷歌庞大。译员可在无法使用谷歌的情况下,考虑使用必应搜索英文信息。

表 2-1 列出了百度、谷歌、必应的功能对比。实际上,无论是以上的哪个搜索引擎,在得到用户的查询请求后,搜索的都不是整个互联网,而是自身构建的数据库。不同搜索引擎的数据库有部分重叠,但不完全一致。译员可以根据各搜索引擎的特点有选择地使用,在某个搜索引擎中无法找到所需信息时,可以尝试其他搜索引擎,扩大搜索的覆盖范围。

表 2-1　百度、谷歌、必应的功能对比

功　　能	百度	谷歌	必应
以图搜图	√	√	√
关键词智能纠错	√	√	√
关键词联想	√	√	√
相关搜索链接	√	√	√
取词翻译(英译中)	×	×	√
支持高级搜索语法	√	√	√
高级搜索界面	√	√	×

2.2.3　搜索引擎的使用技巧

使用搜索引擎进行高效的网络搜索可以分为三步:选择搜索引擎、确定关键词、使用搜索技巧。如果无法一次就查找到所需信息,可尝试重复这三步中的一步或多步,不断修正查找方向,直到实现搜索目的。

1. 选择搜索引擎

读者可以根据上文介绍及自身需求自行选择搜索引擎。

2. 确定关键词

关键词也称检索词,是输入搜索框中用于检索的词语。只有选对关键词,才能查找到需要的信息。关键词的选择是有一定的技巧的,但这些技巧无法尽数,需要检索人在不断搜索过程中总结归纳。此处仅列举译者可能会用到的几条技巧。

1）用词简练

关键词应该尽量简洁、准确，避免重复和口语化，减少虚词的使用。例如，一名译员需要把一本适合6周岁儿童阅读的中文绘本翻译成英语，想要先阅读类似的英语绘本，了解并参考其用词难度和行文风格，那么他可以搜索"6 岁 英语绘本"或者"picture books for 6-year-olds"，而不必使用完整的对话式语言"适合6岁儿童阅读的英语原版绘本有哪些"。

2）限定主题或范围

同一个词语在不同领域往往含义不同，因此为了准确查询，可以通过添加所在领域限定搜索范围。

例如，要翻译美国司法部门的官方网站上的一句话"The action is the first brought against a firm for violating safety standards..."，其中的"action"如果译为常见的"行动"显然不正确，此时可以试着以"action 法律"为关键词进行搜索，得到"action"在法律语境下的含义"诉讼"，如图2-1所示。

图2-1 搜索"action 法律"

再如，要了解一位与许多其他领域学者重名的经济学教授，可以在其姓名后加上"经济学"进行搜索。读者可以举一反三，通过该方法缩小搜索范围，尽量减少搜索后进行人工筛选的工作。

3）双语检索

要查找一个词组的翻译，可以在该词组后添加已确定的部分目标语翻译。例如，要查找"全球数据安全倡议"的英语翻译，已知其中的"安全"对应的英语为"security"，那么就可以搜索"全球数据安全倡议 security"，得到"全球数据安全倡议"的双语页面，如图2-2所示。在一些场合中，如果使用中文无法找到信息，可以考虑翻译为英文后再检索。

图2-2 搜索"全球数据安全倡议 security"

3. 使用搜索技巧

网络搜索技巧比较多,常用的有搜索语法、布尔逻辑检索、高级搜索、自定义搜索和图片搜索等。

1) 搜索语法

搜索语法(search operators/commands)是搜索引擎查询中用来缩小搜索范围的一个或一串字符。例如,使用"intitle:"把搜索范围限定在网页标题,使用英文半角双引号""""进行精确匹配搜索。

2) 布尔逻辑检索

布尔逻辑检索(Boolean searching)来源于 19 世纪英国数学家 George Boole 开发的符号逻辑系统,"AND""OR""NOT"等布尔逻辑运算符可以把各个关键词连接起来,构成一个逻辑检索式,从而缩小或扩大检索范围。

3) 高级搜索

高级搜索是指搜索引擎提供可视化的高级搜索页面,与搜索语法能实现的功能有部分重叠,但功能不如使用搜索语法齐全,不过它无须用户记住搜索语法,因此对网络搜索技巧的初级学习者更为友好。

4) 自定义搜索

自定义搜索又称可编程搜索(custom/programmable searching),能够让用户在自己指定的一个或一组网站上进行搜索,并且决定搜索结果的显示顺序。常用的有谷歌可编程搜索引擎。

5) 图片搜索

图片搜索是指以文字搜索图片和以图搜图,即识图功能。以文字搜索图片能够显示相关图片及其来源。以图搜图能够显示图片中物体的搜索结果、类似图片以及包含相应图片或类似图片的网站。

2.3 案例解析

本节结合翻译案例讲解常用的网络搜索技巧,案例注重真实性和实用性,涉及的语言为中文或英文,使用的搜索引擎为百度、谷歌、必应中的一个或多个。

2.3.1 搜索技巧演示

1. 布尔逻辑检索

基本的布尔逻辑有"与""或""非",可用运算符"AND""OR""NOT"表示,有时也可用其他符号代替这些运算符,不同搜索引擎适用的运算符不完全一样,如表 2-2 所示。在多个运算符组成的检索表达式中,运算先后顺序为"非""与""或"。

表 2-2　布尔逻辑基本运算符

搜索逻辑	运算符	表 达 式	解 释
与	AND、+	A AND B 或 A+B	搜索同时包含 A 和 B 的信息
或	OR、|	A OR B 或 A|B	搜索包含 A 和 B 中至少一个的信息
非	NOT、−	A NOT B 或 A−B	搜索包含 A 且不包含 B 的信息

"与"用于连接两个关键词并表示两者的交叉部分,即搜索同时包含这两个关键词的信息,如图 2-3 所示的灰色部分,运算符"AND"有时也可用"+"代替。大部分搜索引擎默认关键词之间的空格为逻辑"与",因此"与"逻辑通常不必专门加上。例如,想要了解飓风的形成原因,可使用检索式"hurricanes causes"或"hurricanes AND causes""hurricanes + causes"进行搜索,得到同时包含"hurricanes"和"causes"两个关键词的搜索结果,如图 2-4 所示。请注意,如果用逻辑"与"连接多个关键词,而实际上并不存在同时包含所有这些关键词的信息,搜索引擎仍然会返回结果,这些结果将包含其中多个或一个关键词。

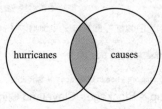

图 2-3　hurricanes AND causes

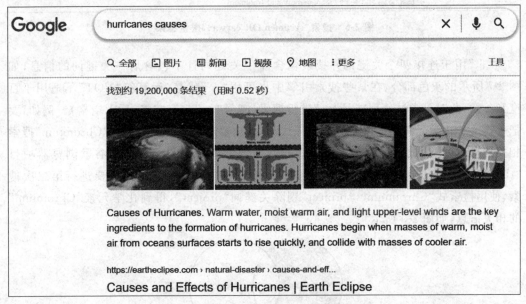

图 2-4　搜索"hurricanes causes"搜索结果

"或"用于搜索包含这两个关键词中任意一个或同时包含这两个关键词的信息(如

图 2-5 所示的灰色部分),运算符"OR",在某些搜索引擎中也可用"|"代替。逻辑"或"能够提高查全率,适用于一次性查询多个同义词、近义词、单词变体等情况。例如,把一篇关于耵聍的中文文章翻译成英文,需要了解相关的英文背景知识,已知耵聍的英语学名为cerumen,俗称earwax,为了更全面地了解相关信息,可使用检索式"cerumen OR earwax"或"cerumen|earwax"进行搜索,得到包含"cerumen"或"earwax"的搜索结果,如图 2-6所示。

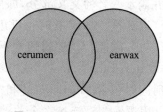

图 2-5　cerumen OR earwax

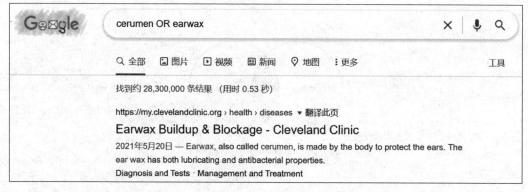

图 2-6　搜索"cerumen OR earwax"搜索结果

"非"用于连接两个关键词并搜索包含前一关键词且不包含后一关键词的信息,如图 2-7 所示的灰色部分,在某些搜索引擎中也可用"－"代替,运算符"NOT"不适用于百度和谷歌,此时可尝试使用减号"－"进行搜索(减号"－"前有空格,后无空格)。例如,要把一篇关于化学元素铬的中文文章翻译成英文,想要通过铬的英文单词"Chromium"搜索相关信息,首先尝试直接搜索"Chromium",发现大部分结果为同名的谷歌浏览器项目"the Chromium Projects",如图 2-8 所示。为了排除这个无关内容,需要进行第二次搜索,使用检索式"Chromium －project"剔除关键词"project",得到化学元素"Chromium"的相关信息,如图 2-9 所示。

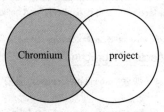

图 2-7　Chromium －project

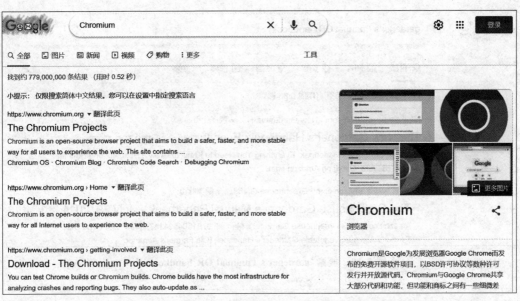

图 2-8　直接搜索"Chromium"

图 2-9　搜索"Chromium —project"

请注意,上述的"AND""OR""NOT"均要大写,否则可能会被系统当作关键词进行搜索。在英文等使用空格区分单词的语言中,如果运算符前后的内容包含多个单词,则可以使用英文半角圆括号将多个单词括起来,使之成为一个检索单位,其作用类似于数学运算中的括号。例如,要查看英文的园艺手册,则可以使用检索式"gardener's（manual OR handbook）"进行搜索,其中,括号中的"manual OR handbook"被视为一个检索单位,相当于把"gardener's"分配给"manual"和"handbook",即返回的结果包含"gardener manual"和"gardener handbook",如图 2-10 所示。如果不使用括号,直接搜索"gardener's manual OR handbook","gardener's"就并非必须与"handbook"搭配,系统则可能会返回只包含"handbook"的结果。现在的搜索引擎越来越智能化,一般会把同时含有多个关键词的结果显示在前面,是否添加括号不会产生太大影响,如图 2-11 所示。

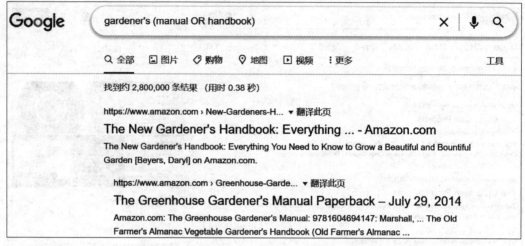

图 2-10　搜索"gardener's（manual OR handbook）"

图 2-11　搜索"gardener's manual OR handbook"

2. 百度、谷歌、必应搜索语法

搜索语法有许多种,但译员无须掌握所有的搜索语法,只需记忆其中最为有用的几个并在翻译工作中善加利用。百度、谷歌、必应等搜索引擎都支持搜索语法的运用,但各个搜索语法适用的搜索引擎可能不同,随着搜索引擎的发展,各个搜索语法的适用性也可能会变化。表 2-3 总结了对翻译工作比较有用的 10 个搜索语法,并给出相应的例子和解释,指出其适用的搜索引擎。

表 2-3　搜索语法

搜索语法	示　　　例	解　　　释	适用的搜索引擎
define：	define：defibrillation	显示引擎内置的词典	谷歌、必应
"　"	"政治气候"	精确匹配,不拆分关键词	百度、谷歌、必应

续表

搜索语法	示　例	解　释	适用的搜索引擎
《　》	《黄鹂》	精确匹配、搜索结果包含书名号	百度
*	The core of mans' spirit comes from *	占位符,匹配任意的单个或连串字符	谷歌、必应
intitle：	校外培训 intitle：双减	搜索结果的标题包含 intitle：后的关键词	百度、谷歌、必应
intext：	吸入式新冠疫苗 intext：有效性	搜索结果的内容页包含 intext：后的关键词	百度、谷歌、必应
filetype：	Invitation for Bid filetype：pdf	返回符合指定的文件类型的信息	百度、谷歌、必应
site：	light pollution site：www. un. org	站内搜索,将搜索结果限定在某个或某类指定的网站内	百度、谷歌、必应
inurl：	BRICS inurl：news	搜索结果的网址包含 in url：后的内容	百度、谷歌、必应
related：	related：gutenberg. org	查找类似网站	谷歌

上述搜索语法如在外国的搜索引擎上使用,应当注意两点:第一,使用的标点符号(如冒号、圆括号)为英文半角符号;第二,标点符号与关键词之间不应该有空格。

1) define：

使用"define："进行查询,谷歌和必应会返回包含关键词定义的页面。例如,搜索"define：defibrillation",即可得到 defibrillation 的定义,如图 2-12 和图 2-13 所示。这种方式比查询词典能获得更丰富的结果,因此译员如果需要详细了解某个词语或词组的定义,可尝试使用"define："进行搜索。但请注意,"define："这一搜索语法不适用于百度搜索引擎。

图 2-12　在谷歌搜索"define：defibrillation"

图 2-13 在必应搜索"define：defibrillation"

2)""

使用英文半角双引号""""进行搜索可实现精确匹配，即不会拆分关键词。例如，如果直接搜索"政治气候"，系统可能会返回政治气候、气候政治、政治、气候等相关内容，如图 2-14 所示，但如果搜索""政治气候""，就只会返回包含"政治气候"这一关键词的页面，如图 2-15 所示。

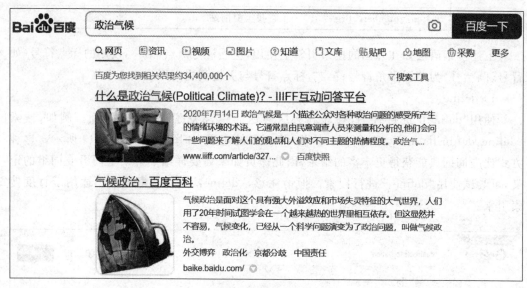

图 2-14 搜索"政治气候"

3)《》

中文书名号"《》"是百度特有的搜索语法，它主要用于搜索书籍、歌曲、影视剧、文章等，书名号内的内容不会被拆分且其本身会呈现于搜索结果中。如果所要查找的书名、歌名、影视剧名称、文章题目等为常用语，直接搜索难以快速获得相关内容，则可以试着加上书名号"《》"进行搜索。例如，想要了解徐志摩的诗歌《黄鹂》，如果直接搜索"黄鹂"，系统会返回黄鹂这一种鸟的信息，如图 2-16 所示，但如果加上书名号"《》"，搜索"《黄鹂》"，则会返回《黄鹂》这一诗歌的相关页面，如图 2-17 所示。

"政治气候" 📷 百度一下

🔍网页　📖资讯　▶️视频　🖼️图片　❓知道　📄文库　💬贴贴吧　📍地图　🛒采购　更多

百度为您找到相关结果约71,900个　　　　　　　　　　　　　▽搜索工具

什么是政治气候? - 百度知道

2个回答 · 回答时间: 2018年4月8日

最佳答案: 政治气候很简单地说，就是当今政治的格局、现象以及发展趋势。政治发展理论是政治
学理论的重要组成部分，作为研究新兴发展中国家走向现代化的理论，对于研究社会主...

更多关于"政治气候"的问题>>

百度知道 ◎　百度快照

什么是政治气候(Political Climate)? - IIIFF互动问答平台

2020年7月14日 政治气候是一个描述公众对各种政治问题的感受所产生
的情绪环境的术语。它通常是由民意调查人员来测量和分析的,他们会问
一些问题来了解人们的观点和人们对不同主题的热情程度。政治气...

www.iiiff.com/article/327...　百度快照

"政治气候"的最新相关信息

凯利访华,又被降格接待!气候特使希望和中国展开"政治... 网易　　15小时前
然而,最吸引公众眼球的是近日中外长与克里进行的"视频会谈",因为这次会见中外长主导的话题
是中美"政治气候"的改变,这事关之后中美关系的走向。原本克里特使是希...
关系会破冰吗中美进行"政治气候"对话,秦刚大... 搜狐新闻　　6小时前

图 2-15　搜索""政治气候""

黄鹂 📷 百度一下

🔍网页　📖资讯　▶️视频　🖼️图片　❓知道　📄文库　💬贴贴吧　📍地图　🛒采购　更多

百度为您找到相关结果约100,000,000个　　　　　　　　　　▽搜索工具

黄鹂(雀形目中等体型的鸣禽) - 百度百科

简介: 黄鹂一般指黄鹂属。黄鹂属 (学名: Oriolus) : 是雀形目、黄鹂
科的1属。共有31种。中型鸣禽。喙长而粗壮，约等于头长，先端稍下
曲，上喙端有缺刻，鼻孔裸露，盖以薄膜，翅尖长; 尾短圆，附跖短而
弱。体羽鲜丽，多为黄、红、黑等色的组合，雌鸟与幼鸟多具条...
形态特征　栖息环境　生活习性　分布范围　该属物种　更多 >

baike.baidu.com/ ◎

黄鹂 - 百度图片

卡通　儿童画　画简笔画　简单　彩铅画　叫声　动态图　水墨　飞行　百灵　画法　工笔画

图 2-16　搜索"黄鹂"

4) ＊

星号"＊"是占位符,可以用来匹配任意的单个或连串字符。如果译员想要搜索某句

图 2-17　搜索"《黄鹂》"

歌词、影视剧台词、名言等,但只记得其中一部分,则可使用星号"＊"代替记忆模糊或忘记的部分。例如,如果记得一句电影台词的前半部分为"The core of mans' spirit comes from",但忘了后半部分,则可以试着搜索"The core of mans' spirit comes from ＊",获得后半部分内容"new experiences",如图 2-18 所示。

图 2-18　搜索"The core of mans' spirit comes from ＊"

5)intitle:

intitle 可以拆分为 in 和 title 两个部分(intext 和 inurl 与此类似,分别可以拆分为 in 和 text 以及 in 和 url)。"intitle:"功能如字面含义所示——"在标题中",即可以限定对其后的关键词在网页标题中进行搜索。例如,搜索"校外培训 intitle:双减",那么"校外培训"可以出现在网页的标题、正文、URL 等任何地方,"双减"则必须出现在网页标题中,如图 2-19 所示。

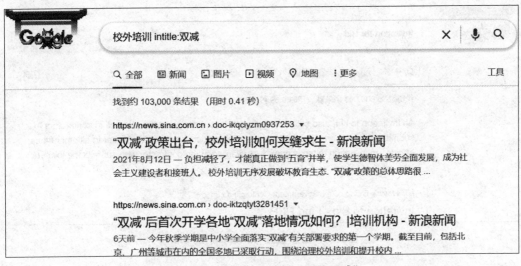

图 2-19 搜索"校外培训 intitle：双减"

6）intext：

"intext："可以限定对其后的关键词在网页正文中进行搜索。例如，搜索"吸入式新冠疫苗 intext：有效性"，那么"吸入式新冠疫苗"可以出现在网页的标题、正文、URL 等任何地方，"有效性"则必须出现在网页正文中，如图 2-20 所示。

图 2-20 搜索"吸入式新冠疫苗 intext：有效性"

7）filetype：

filetype 意为文档类型，"filetype："的功能如字面含义所示，可以限定搜索内容的文档类型。"filetype："可与 PDF、DOC、PPT、XLS、RTF 等多种格式搭配。例如，想要查找英文的招标书，相比直接搜索"Invitation for Bid"，如图 2-21 所示，搜索"Invitation for Bid filetype：PDF"会更容易获得所需文档，如图 2-22 所示。

8）site：

site 意为网站，"site："可把搜索结果的来源限定于某个或某类网站。例如，想要搜索联合国网站上关于光污染的信息，可把关键词光污染的搜索范围限定在联合国网站，搜索"light pollution site：www.un.org"，不需要添加前缀 https：//或 http：//，得到相关结果，如图 2-23 所示。请注意，如果"site："后的网址含有"www"，那么搜索结果仅限于该

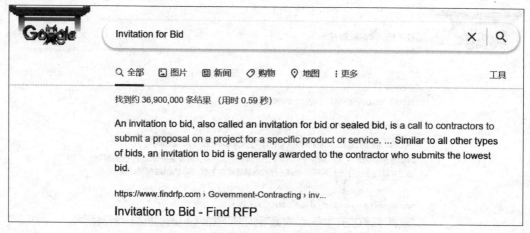

图 2-21 直接搜索"Invitation for Bid"

图 2-22 搜索"Invitation for Bid filetype：PDF"

网站而不包括其子域名；相反，如果"site："后的网址不含"www"，那么搜索结果范围则包括该网站及其子域名，如搜索"light pollution site：.un.org"，结果来源除了www.un.org，还可能包括 sustainabledevelopment.un.org 等子域名，如图 2-24 所示。译员如果想要搜索某个网站或网域的内容，但发现该网站没有站内搜索功能或站内搜索功能不佳，可考虑使用搜索语法"site："，实现站内搜索的目的。

9）inurl：

"inurl："可以限定对其后的关键词在网页 URL（网址）中进行搜索。这是一个特别实用的搜索语法，因为网页的类型和来源往往会在 URL 中体现，如新闻网站的 URL 往往含有 news，百度文库网站的 URL 含有 wenku。此外，由于 URL 在搜索引擎中的权重较高，因此做过搜索引擎优化的网页通常会将关键词或标题放在 URL 中展示，以此提高搜索引擎的搜索权重。因此，使用"inurl："可以在一定程度上限定搜索内容的类型和来源，进一步缩小搜索范围。

例如，想要了解金砖国家的相关新闻，可搜索"BRICS inurl：news"，如图 2-25 所示。但注意使用这种方法获得的信息不能保证完全符合需求，如路透社网站的 URL 就不含有 news，百度文库之外的网页 URL 也可能包含 wenku。读者可自行尝试使用"inurl：

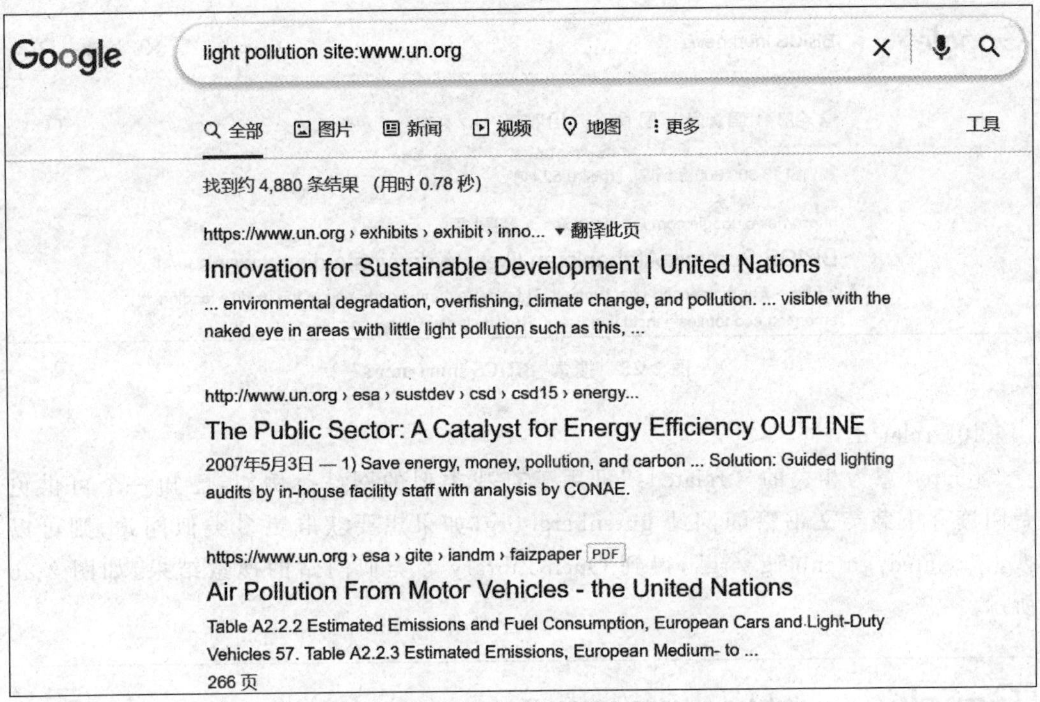

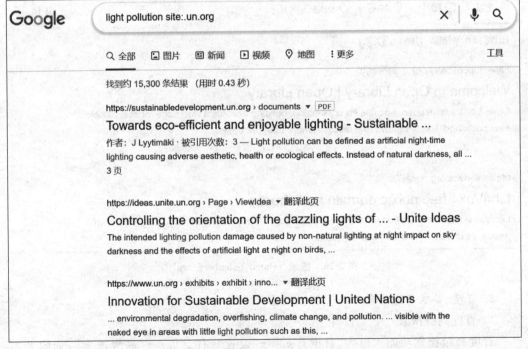

图 2-23　搜索"light pollution site：www. un. org"

图 2-24　搜索"light pollution site：. un. org"

news""inurl:image""inurl:mp3""inurl:video""inurl:download"等进行搜索,可发现该搜索语法的更多用途。

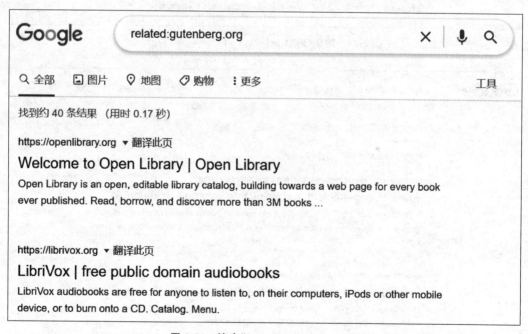

图 2-25　搜索"BRICS inurl：news"

10) related：

related 意为相关的，"related："可用于查找类似的网站。例如，已知一个可供免费阅读并下载英文书籍的网站 gutenberg. org，如果想要获取更多类似网站，则可以搜索"related：gutenberg. org"，得到 Open Library 等类似网站的搜索结果，如图 2-26 所示。

图 2-26　搜索"related：gutenberg. org"

3. 百度、谷歌高级搜索

1) 百度高级搜索

百度高级搜索功能入口为"百度首页"→"设置"（右上角）→"高级搜索"，如图 2-27 所示。

百度的高级搜索功能允许用户限定搜索结果、限定要搜索的网页的发布时间、限定搜索网页的文档格式、限定关键词位置和指定在某个或某类网站中进行站内搜索，如图 2-28 所

图 2-27　百度高级搜索功能入口

示。这些功能相当于使用基本布尔逻辑和部分搜索语法，具体解释如表 2-4 所示，但界面更为直观，而且用户无须记忆具体的搜索语法，从而降低了使用难度。

搜索设置　高级搜索　首页设置

搜索结果：[包含全部关键词]　　　　[包含完整关键词]

[包含任意关键词]　　　　[不包括关键词]

时间：限定要搜索的网页的时间是　　　[全部时间 ∨]

文档格式：搜索网页格式是　　　　　[所有网页和文件 ∨]

关键词位置：查询关键词位于　　⊙ 网页任何地方　○ 仅网页标题中　○ 仅URL中

站内搜索：限定要搜索指定的网站是　　[　　　　　]　　例如：baidu.com

[高级搜索]

图 2-28　百度的高级搜索功能

表 2-4　高级搜索对应的布尔逻辑/搜索语法

功　能	子　类　别	对应的布尔逻辑/搜索语法
搜索结果	包含全部关键词	布尔逻辑"与"
	包含完整关键词	搜索语法""""
	包含任意关键词	布尔逻辑"或"
	不包括关键词	布尔逻辑"非"
时间	全部时间、最近一天、最近一周、最近一月、最近一年	无
文档格式	PDF、DOC、XLS、PPT、RTF、所有格式	搜索语法"filetype:"
关键词位置	网页任何位置	直接搜索
	仅网页标题中	搜索语法"intitle:"
	仅 URL 中	搜索语法"inurl:"
站内搜索	无	搜索语法"site:"

2）谷歌高级搜索

谷歌高级搜索功能入口为"谷歌首页"→"设置"（右下角）→"高级搜索"，如图 2-29 所示。

图 2-29　谷歌高级搜索功能入口

　　谷歌的高级搜索页面与百度相似,但在右侧有相应的解释,如图 2-30 所示,比较容易理解。其中,"以下所有字词""与以下字词完全匹配""以下任意字词""不含以下任意字词"相当于百度的"包含全部关键词""包含完整关键词""包含任意关键词""不包括关键词"。

图 2-30　谷歌的高级搜索功能

　　4. 自定义搜索

　　自定义搜索本质上是综合多个网站的站内搜索,能够限定搜索范围、自定义搜索主题,有助于用户更精确地获取信息。常用的百度、谷歌、必应、搜狗等搜索引擎配备的数据库非常庞大,可供搜索的资料很全,但也是由于这种特性,这些搜索引擎缺乏灵活性,用户难以进行个性化搜索,搜索结果充斥着许多无关信息,往往需要人工剔除信息噪声,增加了搜索的时间和难度。自定义搜索引擎能够弥补这个缺陷,允许用户自定义目标网站,制作垂直搜索引擎和站内搜索引擎。可供制作自定义搜索引擎的平台有很多,如谷歌可编程搜索、SoV5、Swiftype。

本节以谷歌可编程搜索为例进行讲解，若读者需要了解其他自定义搜索引擎的使用方法，可查询相应网站上的官方指南。

假设有位译员从事时政新闻中译英工作，需要参考国内的英文新闻报道，为了能够快速、精准地查找相关信息，他想要在谷歌可编程搜索平台上创建一个数据库仅含有国内各大英语新闻网站的自定义搜索引擎，那么他需要完成以下步骤。

1）登录账号

进入谷歌自定义搜索网站，登录谷歌账号。

2）新建自定义搜索引擎

登录谷歌账号后会跳转至谷歌可编程搜索平台界面，在左侧栏中单击"新增搜索引擎"按钮，然后添加"要搜索的网站"（如中国日报英文版、新华网英文版、人民网英文版等），选择"语言"为"英语"，填写"搜索引擎的名称"为"国内英语新闻报道"，最后单击下方的蓝色"创建"按钮，如图 2-31 所示，即可成功创建名为"国内英语新闻报道"的自定义搜索引擎。

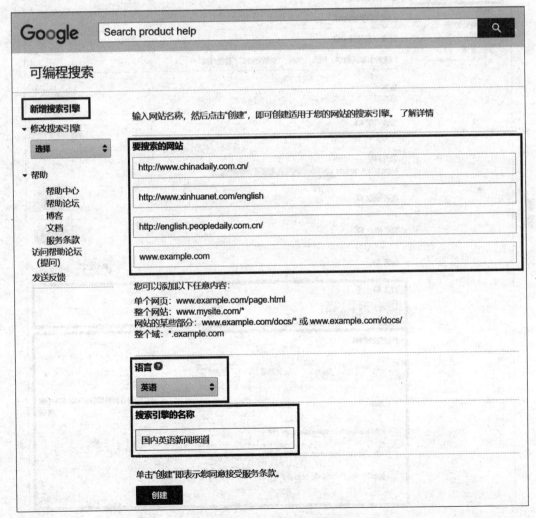

图 2-31 新建自定义搜索引擎

3）修改自定义搜索引擎

在左侧栏中单击"修改搜索引擎"按钮，并选择搜索引擎"国内英语新闻报道"，可对该搜索引擎的"设置""外观""搜索功能""统计信息和日志"进行修改。在"基本设置"中，可对刚才设置的"搜索引擎名称""语言""要搜索的网站"及其他内容进行重新设置，如图 2-32 所示。

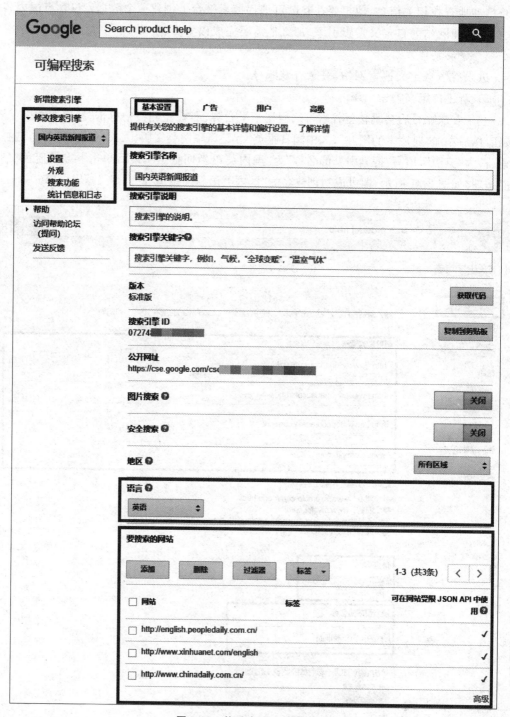

图 2-32 修改自定义搜索引擎

4）使用自定义搜索引擎

在"修改搜索引擎"→"设置"页面中，可看到右侧有搜索框，用户可直接在此栏进行信息检索，如图 2-33 所示。如果使用此方式，用户每次使用该引擎进行搜索都需要进入谷歌自定义搜索平台，不够快速便捷。因此，用户可以选择第二种使用方法，即单击"公开网址"中的链接，跳转至新页面，并将该网址添加至浏览器标签，以后通过单击浏览器标签快速访问"国内英语新闻报道"自定义搜索引擎。通过分享该"公开网址"，用户还可将该搜索引擎提供给他人使用。自定义搜索引擎还有其他方法，如把搜索引擎的代码复制并嵌入 Web 页面中。本案例仅讲解了谷歌自定义搜索引擎最基本的创建和修改方式以及使用方法，读者可尝试自行探索其他更多功能。

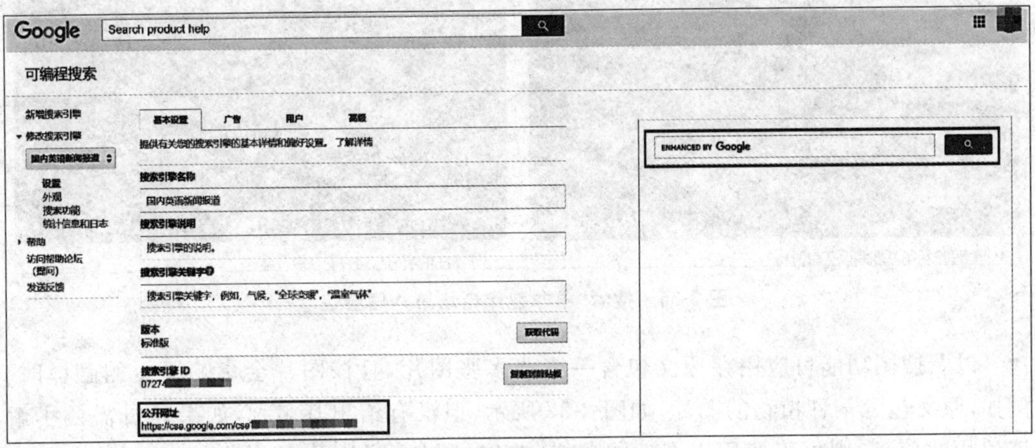

图 2-33　使用自定义搜索引擎

5. 图片搜索

图片搜索分为以文字搜索图片和以图搜图，百度、谷歌、必应都具备这两种功能。以文字搜索图片功能的入口是各个引擎的"图片"栏目，如图 2-34 所示。以图搜图功能的入口则位于搜索引擎的主页面，如图 2-35 所示，用户可通过复制并粘贴图片网址或上传图片进行搜索。

图 2-34　百度的"图片"栏目

图 2-35　百度的以图搜图功能

在翻译工作中，以文字搜索图片功能可应用在原文给出一个概念，但需要查看实物加以理解或确认其译名时。例如,要把"中非智库论坛第八届会议"翻译成英文,可以在百度的"图片"目录下搜索"中非智库论坛第八届会议",得到会议现场图片,如图 2-36 所示,然后查看其中一张会议宣传展板图,获得官方的会议英文名称"Eighth Meeting of the China-Africa Think Tank Forum"。

图 2-36　搜索"中非智库论坛第八届会议"

　　以图搜图功能可应用在原文包含一张或多张图片,且该图片会影响原文的翻译时。例如,原文包含某种植物的图片,如图 2-37 所示,但没有给出其名称,如果译员需要了解该植物的信息,则可以使用以图搜图功能,获得类似的照片及相关内容介绍,如图 2-38 所示。

图 2-37　原文中的某张图片

　　当然,以上仅提供了以文字搜索图片功能和以图搜图功能在翻译工作中的两种可能的应用情景,图片搜索还有许多用处,如通过查找图片辨别相似的物品等。除搜索引擎的搜图功能外,读者也可尝试使用其他小程序和软件的图片识别功能,将其运用到翻译工作中,提高翻译的效率。

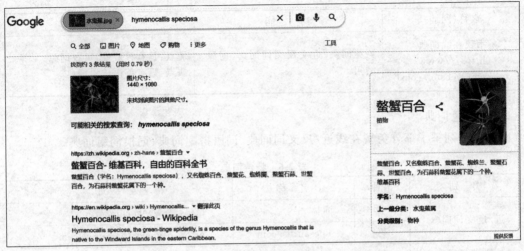

图 2-38　以图搜图

2.3.2　网络资源推荐

搜索引擎的使用技巧能够帮助译员提高信息查找的准确性和速度,但是并非所有信息都可以在搜索引擎首页直接获取,不少专业信息仍要到指定网站进行查询。因此,为了帮助读者快速获得所需资料,本节将介绍一些译员在翻译工作中常用的网站。

1. 在线词典

常用的在线词典主要有三类:一是具有基本释义功能的通用词典;二是俚语、词语搭配等特色词典;三是时政、医学、法律等专业领域词典。

1) 通用词典

表 2-5 列举了剑桥在线词典、the Free Dictionary、韦氏在线词典三个免费的通用词典。由于篇幅所限,还有许多其他优秀的词典没介绍,如 Oxford Learner's Dictionary 和 Longman,读者可自行查询了解。

表 2-5　通用词典

名称(网址)	功　　能	优　缺　点
剑桥在线词典 (https://dictionary.cambridge.org)	英英词典、双语词典(英法、英德、英日等)、半双语词典(英语到中文、俄语、阿拉伯语等)、学习词典、语法词典、同义反义词词典	优点:具有权威性,集合多种功能; 缺点:缺少中英词典
the Free Dictionary (https://www.thefreedictionary.com)	英英词典、英中词典、同义反义词词典、医学词典、法律词典、金融词典、首字母缩略词、习语、百科全书、维基百科全书	优点:集成了柯林斯英语词典、哥伦比亚百科全书、维基百科等多方数据; 缺点:需要用户自行辨别搜索结果可靠性,广告多,页面杂乱

名称（网址）	功　能	优　缺　点
韦氏在线词典 （https://www. merriam-webster.com）	英英词典、近义反义词词典、词源、例句	优点：具有权威性，可查词源； 缺点：只有英语单语词典

2）特色词典

表 2-6 列举了部分免费在线近/反义词词典、词语搭配词典、词根词缀词典。

表 2-6　特色词典

类　别	语种	名　称	网　址
近/反义词词典	中	词林	https://www.cilin.org
	英	Thesaurus.com	https://www.thesaurus.com
词语搭配词典	英	Free Collocation	https://www.freecollocation.com
词根词缀词典	英	词根词缀词典	http://www.dicts.cn

3）专业领域词典

表 2-7 列举了部分免费在线专业领域词典，包括政治、法律、商务、医学等领域。

表 2-7　专业领域词典/术语库

领　域	名　称	网　址
多领域	术语在线	https://www.termonline.cn/index
中国特色词语	核心语汇	https://www.cnkeywords.net
政治	中国特色话语对外翻译标准化术语库	http://210.72.20.108/index/index.jsp
	中国重要政治词汇对外翻译标准化专题库	http://210.72.20.108/special/class3/search.jsp
	中国关键词	http://keywords.china.org.cn/index.htm
法律	北大法宝·英文译本库	https://www.pkulaw.com/english
	元照英美法词典	http://www.studymall.com/dic
商务	MBA 智库·百科	https://www.mbalib.com/wiki
财经	高顿财经词典	http://cidian.gaodun.com/
医学	韦氏医学词典	https://www.merriam-webster.com/medical
	医药学大词典	http://meddic.medlive.cn/index.do
科学技术	中国规范术语	http://shuyu.cnki.net
影视字幕	人人词典	https://www.91dict.com

2. 电子书

表 2-8 主要介绍国内外的一些可供免费借阅或下载图书的网站。

表 2-8　图书借阅/下载网站

网站(网址)	简　介
国内	
中国国家图书馆·中国国家数字图书馆 (http://www.nlc.cn)	中国国家数字图书馆的电子书籍涵盖文学、经济、语言等各个学科,用户实名注册后可免费阅读
超星汇雅电子图书(http://www.sslibrary.com)	提供各学科领域 300 多万种电子图书,已购该数据库图书馆的读者可在浏览器和客户端阅读或下载书籍
京东读书(专业版)(https://gx.jd.com/gx/gx_tourist.action)	专门为高校师生提供出版类电子书,已购买权限的学校的师生可免费在网页、微信、客户端阅读或下载电子书
博看书苑(https://download.bookan.com.cn/)	主要提供畅销人文期刊和畅销新书,已购买权限的学校的师生可免费在网页、微信、客户端阅读或下载电子书
国外	
Project Gutenberg(https://gutenberg.org/)	拥有超过 6 万本免费电子书,图书主要为版权已过期的旧书,用户无须注册即可直接在线阅读或下载
FreeTechBooks.com (https://www.freetechbooks.com/)	提供免费的数学、电气工程、计算机科学等领域的电子书籍、教科书和课堂讲稿的下载链接
The National Academies of Sciences, Engineering, and Medicine (https://www.nap.edu/)	拥有超过 1 万本可供免费的科学、工程、医药领域学术书籍,用户注册账号后可在线阅读和下载书籍
The Online Books Page (http://digital.library.upenn.edu/books/)	由宾夕法尼亚大学图书馆的人员建立并维护,含有超过 300 万本免费电子书籍

3. 学术搜索平台

可获取学术文献的网站非常多,但单个网站往往资源有限,有自身的学科倾向。译员在翻译工作中可能会接触不同行业,需要阅读不同学科的文献,此时,综合性的学术搜索平台更能满足译员的需求。这里介绍两个常用的学术搜索平台:百度学术和谷歌学术搜索。其中,百度学术适合搜索中文文献,谷歌学术搜索适合查找其他语言的文献。

1) 百度学术

百度学术(网址:https://xueshu.baidu.com/)是百度推出的免费学术资源搜索平台,汇集了知网、万方、维普网、Elsevier、ResearchGate 等 120 多万个站点的资源,包含 6 亿多篇学术期刊、学位论文、会议论文等学术文献。用户可对文献、期刊、学者进行搜索,搜索方式有简单检索和高级检索。进行搜索后,用户可单击左侧列表对文献的时间、学科领域、期刊类型等进行筛选,或单击右上角的中/英文转换筛选出中文或英文文献。搜索结果可按照相关性、被引量、时间进行排序。用户还可单击文献的来源,跳转至来源页面对文献进行阅读或下载,如图 2-39 所示。

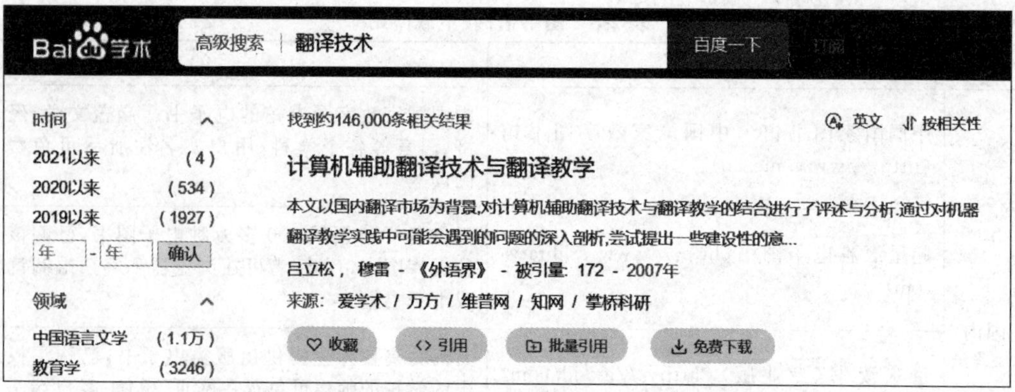

图 2-39　百度学术

2）谷歌学术搜索

谷歌学术搜索（网址：https://scholar.google.com/）是谷歌旗下的免费学术资源搜索平台，包含图书、期刊论文、学位论文等多种文献类型，界面和使用方法与百度学术相似，用户可对文献和学者进行搜索，搜索方式有简单检索和高级检索。进行搜索后，用户可单击左侧列表对文献的时间进行筛选，搜索结果可按相关性或时间排序。单击文献标题即可跳转至来源页面，了解文献详情，若有相关权限，即可对文献进行阅读或下载，如图 2-40 所示。

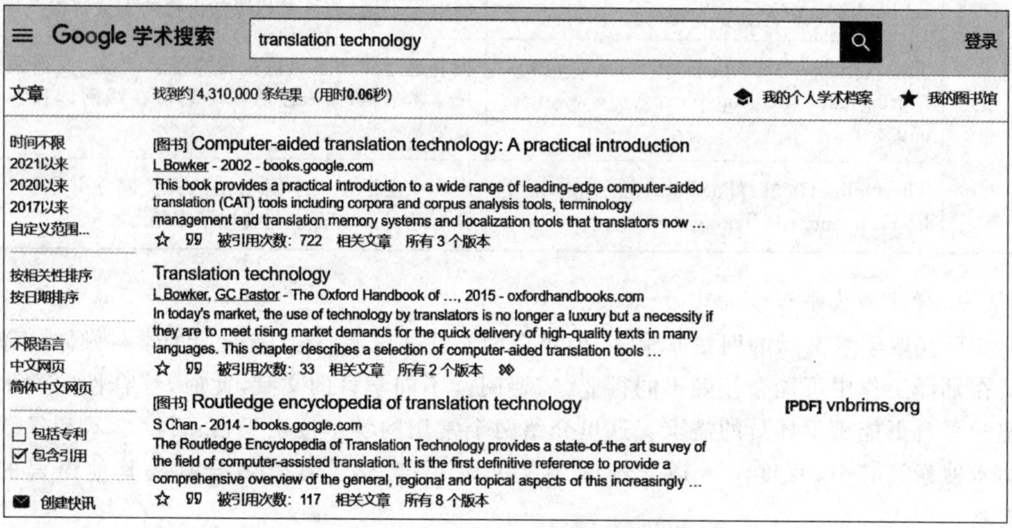

图 2-40　谷歌学术搜索

2.4　综合练习

本节提供了两段高信息密度文本，请读者将其翻译成英文，在翻译过程中，请注意结合使用前文介绍过的各种网络搜索技巧和网站资源，多搜索、多查证，保证术语的准确性。

练习 1

地下滴灌是微灌技术的典型应用形式之一,它是指水通过地埋毛管上的灌水器缓慢渗入附近土壤,再借助毛细管作用或重力作用将水分扩散到整个根层供作物吸收利用。由于灌水过程中对土壤结构扰动较小,有利于保持作物根层疏松通透的环境条件,并可减少土面蒸发损失,故地下滴灌技术具有明显的节水增产效益。此外,田间输水系统地埋后便于农田耕作和作物栽培管理,地埋后管材抗老化性能增强且不易丢失或人为损坏。[①]

练习 2

4 月 2 日,中国邮政集团有限公司召开电视电话会议,启动全国邮政惠农合作项目,这是中国邮政服务乡村振兴战略、助力脱贫攻坚的一项重要举措,也是充分发挥邮政在农村独有的优势、实现自身发展的战略性决策。10 月 18 日至 19 日,农业农村部和中国邮政集团有限公司在四川雅安联合举办"中国邮政助力农民合作社高质量发展交流活动",全面深化政企合作,携手共推乡村振兴。中央农村工作领导小组办公室副主任、农业农村部党组副书记、副部长韩俊对多年来邮政服务"三农"工作特别是推进农民合作社高质量发展工作给予高度肯定。[②]

---

① 程先军,许迪,张昊. 地下滴灌技术发展及应用现状综述[J]. 节水灌溉,1999(4):13-15.

② http://www.chinapost.com.cn/html1/report/21011/3365-1.htm.

桌 面 搜 索

3.1 本章导读

  如果说网络搜索让我们能够快速精准地在互联网上定位目标,寻找"新"资源,那么桌面搜索则是帮助我们更加有效地利用"旧"资源。桌面搜索不需要通过互联网来进行搜索,而是快速获得个人计算机中存储的各种文档。利用桌面搜索,我们可以在极短的时间里从个人计算机中挖掘可用的信息,从所有的文档资料中找到所需要的内容。

  我们每天都在创建、接收和发送各种文件,随着工作时间的增加,个人计算机里的文件越积越多,有的在桌面上,有的在"我的文档"里,有的在"D盘"的根目录下,有的在一层又一层的文件夹深处……有这样一种情况,当我们需要找一个很早创建的文件时,一时忘记了文件名,经过一阵艰难的查找,终于找到了,发现它的名字竟然是"新建文档 2.doc"。

  造成上述情况的原因一方面是没有养成分类管理文件的工作习惯,另一方面是没有建立自己的文件命名规则,所以在查找目标文件时不知道从何找起。通过使用恰当的文档管理方法和文件查找工具,可以有效避免这种情况发生,从而提升工作效率。

  本章将介绍的实用技术包括以下内容。

(1)文件命名与管理技巧。

(2)文件搜索软件 Everything 的操作方法和技巧。

(3)搜索与替换软件 Search and Replace 的操作方法与技巧。

本章将主要实现以下两个目标。

(1)学会对文档进行命名并分类管理,养成良好的工作习惯。

(2)学会 Everything 和 Search and Replace 的操作技巧,提高工作效率。

3.2 基础知识

3.2.1 文件命名与管理的意义

1. 沟通的需要：让接收方明确文件的主题

在日常工作中，我们经常需要收发文件。在接收文件后根据一定规则对文件重命名，并保存至特定文件夹，可以帮助自己更有条理地开展工作；修改文件后对文件重命名再发送给对方，使对方能从文件名了解其大概内容，可以节约他人的工作时间。

2. 索引的需要：方便快速地检索到所需要的文件

Windows 系统自带的搜索工具以及常用的搜索软件（如 Everything）都是对文件的名称进行检索，而非对文档内容进行检索（macOS 可以检索文档内容）。因此，为了能够使用上述工具快速定位所需文件，规范的文件命名就显得尤为重要。

3. 回溯的需要：区分版本并随时回溯以前的版本

在日常工作中，同一个文件可能会随着某个具体信息的更新而产生变化。旧版文件既可以对新文件产生参考作用，也是一个记录的过程。当新旧文件需要同时保存时，文件的命名就显得尤为关键。尤其对于翻译工作来说，同一稿件的翻译通常需要经过多个版本的打磨，每个版本都可能是下个版本的参考，这时就需要通过命名区分稿件，以便回溯参照。

3.2.2 桌面搜索引擎的工作原理

桌面搜索引擎可以对计算机进行全盘扫描，并为文件建立索引，通过所建立的索引快速查找所需文件。桌面搜索引擎与网络搜索引擎不同：从检索的信息来说，桌面搜索引擎检索的信息是个人计算机中的文件和文件夹，而非互联网中的网页信息；从实现技术来说，桌面搜索引擎不需要与服务器交互，只对计算机内部的资料进行搜索；从搜索结果的排序方式来说，桌面搜索引擎按照文件名、文件路径、文件大小、文件创建时间等对搜索结果进行排序，而网络搜索引擎则一般使用算法对搜索结果进行排序。

3.3 案例分析

3.3.1 文件命名与管理

形成良好的文件管理方式有助于提高工作效率，因此有必要建立一套自己的文件命

名规则,将文件按照该规则命名。在这套规则之下,我们不必记住每一个文件的完整名字,即可通过搜索工具快速定位目标文件。每个人的文件命名规则可能有所不同,但有些原则是相同的。

例如,张三正在参与编写《实用翻译技术》第 3 章的内容,在编写过程中,他不断地修改内容并更新文件版本,那么他应如何命名并保存相关文件呢?

1. 文件命名

为文件添加描述其特征的"参数",可以添加的参数如下。

(1)创建日期和更新日期。计算机对于文件有特定的排序方式,以日期开头进行命名,更方便文件排序,如 2021 年 8 月 9 日创建或更新的文件"桌面搜索",可命名为"20210809_桌面搜索"。为文件添加日期信息,可轻松搜索到某一日期或时间段创建或修改的文件,如搜索"202108"就可以查到 2021 年 8 月创建或更新的所有文件。

(2)创建人。团队协作时,加上创作人的信息,能够方便团队成员了解文件的创作者,如"桌面搜索_张三"。

(3)修改人。多人协作修改同一个文档时,加上修改人的信息可以方便其他成员了解文件的修改人,如"实用翻译技术_李四修订版"。

(4)拟发送对象。这一项仅限于本地保存,方便提示自己,以区别于其他同类型文件,如"第 4 章 桌面搜索_发主编"。

(5)版本号,如"桌面搜_V1",其中"V"代表英文单词"Version"。

(6)主题名,如"实用翻译技术_桌面搜索"。

各种参数既可以单独使用,也可以组合使用,将三四种参数结合使用,会使后期的整理和查找更方便。例如,使用"主题名+基本属性名(创建人或者修改人)+版本号+创建日期"文件命名规则,"桌面搜索_张三_V1_20210807"表示该文件为张三于 2021 年 8 月 7 日创建,文件主题为第一版的"桌面搜索"。这样在进行搜索时,既可以通过主题、创建人、版本号、创建时间任意一项进行搜索,也可以输入多个命名参数精准搜索。

2. 文件夹命名

文件夹的命名可由三部分组成:开始日期、项目主题和结束日期。

上述案例中,张三可以在工作伊始将项目文件夹命名为"20170101_实用翻译技术_桌面搜索_"。其中,"20170101"为开始时间,"实用翻译技术"为项目主题,"桌面搜索"为张三本人负责的专题,第三个下划线(下划线起分隔的作用,也可以用空格或者其他符号,方便自己区分即可)后暂无内容,等待工作结束后添加结束日期,起到记录、提示的作用。为了更好地整理文件,可增加几个特殊的符号,用于标识不同状态的文件,常用符号如下。

(1)叹号(!),标注重要的文件或者文件夹。

(2)井号(#),标注等待处理的文件或者文件夹。

(3)@号(@),标注正在处理的文件或者文件夹。

这些符号应作为文件名称的开端,使经过同样特殊符号标注的文件排列在一起,方便查找和使用。处理完毕的文件应该放在特定的文件夹中,因此不必用特殊符号标注。

需要注意的是,以上的文件命名方式仅作为参考,具体使用何种参数、如何排序可根据个人习惯与需要确定,只要能够形成一套自己能够理解并记忆的命名规则,方便日后查找并调用文件即可。建议将惯用的命名规则记录下来，以防遗忘。

3.3.2 Everything

Everything 是一款文件搜索软件，官网描述为"基于名称实时定位文件和目录（locate files and folders by name instantly）"。它体积小巧，界面简洁易用，可以快速建立索引，快速搜索，仅占用极低的系统资源，实时跟踪文件变化，还可以通过 HTTP 或 FTP 形式分享搜索。需要注意的是，Everything 只能搜索文件名，无法搜索文档内容，它只适用于 NTFS 文件系统，不适合 FAT32[①]。

1. 基础搜索

例如，某同学想找已经下载到计算机上的一篇 PDF 格式的论文，内容是关于"机器翻译错误"的，但是不记得保存在哪里，如何迅速找到呢？

1）安装软件

首先，下载安装软件 Everything，可选择下载安装版或便携版。推荐下载便携版，可省去安装的麻烦。如果下载多语言版本的便携版，就无须单独安装语言包。安装过程中会有安装提示，选择"以管理员身份运行"即可，如图 3-1 所示。不需要安装服务，方便以后移动软件位置，增强便携性。配置高级选项选择默认选项即可，如图 3-2 所示。

图 3-1 安装提示（1）

2）搜索目标

打开 Everything，在搜索框输入"机器翻译错误 .pdf"（文件名关键词与拓展名之间有一个空格），便可呈现搜索结果，如图 3-3 所示。

---

① FAT32 与 NTFS 的简单区别：FAT32 在 U 盘、内存卡等小型磁盘上使用比较多；NTFS 多用于台式计算机、笔记本电脑及平板电脑、移动硬盘等使用各种大中型空间容量的磁盘。

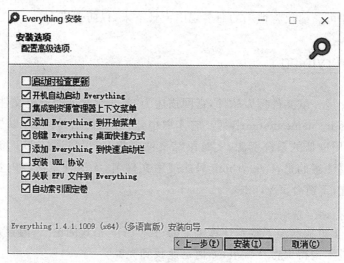

图 3-2　安装提示（2）

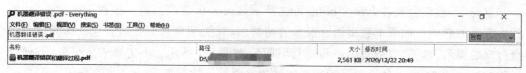

图 3-3　在 Everything 中搜索"机器翻译错误 . pdf"

2. 高级搜索

1）"与""或"运算

在 Everything 的搜索框中输入多个关键词，运用"与"运算，以空格分开表示结果包括全部关键词。例如，在搜索框输入"机器翻译错误 译后编辑"，可以快速找出同时含有这两个关键词的文件，如图 3-4 所示。

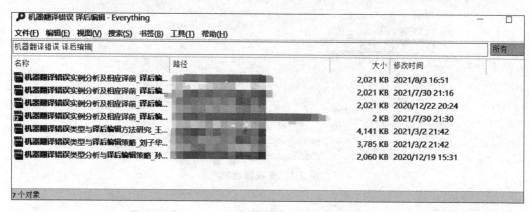

图 3-4　在 Everything 中搜索"机器翻译错误 译后编辑"

"或"（OR）运算则用半角竖线（"|"）表示，当不确定某关键词的准确表述时，这种方法很有用。例如，在搜索框中输入"机器翻译|译后编辑"，可以快速搜索出名称含有"机器翻译"或者"译后编辑"的所有文件和文件夹，如图 3-5 所示。如果只需要文档，不需要文件夹，可以通过右上角的筛选器进行筛选，如图 3-6 所示。

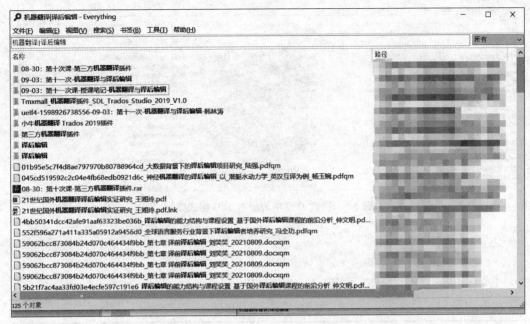

图 3-5　在 Everything 中搜索"机器翻译|译后编辑"

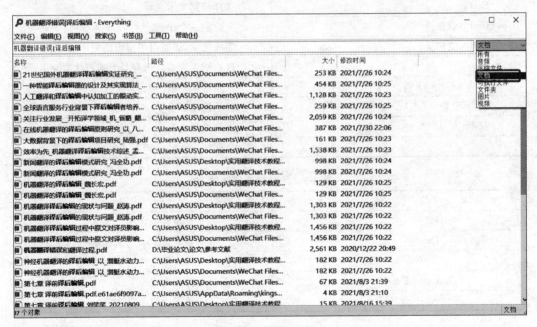

图 3-6　筛选"文档"

2）其他正则符号

除"与""或"运算外，Everything 还支持其他正则符号，如"（）""？"" * ""＋""［］""＄"
"＾""｛m,n｝"等。

例如，想要搜索 D 盘中的所有 JPG 格式图片文件，可输入"盘符：* . 扩展名"，即"D：
* .jpg"（冒号后面有空格），搜索结果如图 3-7 所示。

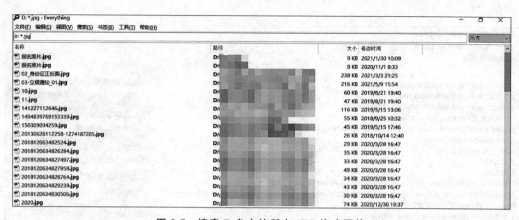

图 3-7 搜索 D 盘中的所有 JPG 格式图片

3. 相关技巧

1) 熟悉快捷键

Everything 常用快捷键，如表 3-1～表 3-3 所示。

表 3-1 搜索框快捷键

快　捷　键	动　作
Ctrl＋A	选择全部文本
Ctrl＋退格键	删除前一个单词
Ctrl＋空格键	完成搜索，需要启用搜索历史
Enter	聚焦结果列表并选择最大运行次数项
上箭头（↑）、下箭头（↓）	聚焦结果列表
Alt＋上箭头（↑）、Alt＋下箭头（↓）	显示搜索历史
双击	选择单词
三击	全选

表 3-2 结果列表快捷键

快　捷　键	动　作
F2	重命名选定项
Delete	移动选定项到回收站
Shift＋Delete	彻底删除选定项
Ctrl＋Enter	打开选定项
Alt＋Enter	显示选定项属性

表 3-3 全局键盘快捷键

快　捷　键	动　作
Ctrl＋N	新建搜索窗口
Ctrl＋O	打开文件列表
Ctrl＋W	关闭软件窗口
Escape	关闭当前窗口
Ctrl＋R	切换正则表达式

2）去除不需要搜索的文件夹

搜索过程中也许会出现大量无关的文件夹，此时只需在"工具"→"选项"栏中找到"排除列表"→"添加文件夹"，把无关文件夹添加进去即可。

3）查找重复文件

在搜索框中输入"dupe："可以搜索重复文件，冒号后可以添加其他关键词来限定文件名称和文件类型。需要注意的是，Everything 只能搜索出名称相同的文件或文件夹，而名称相同的两个或多个文件和文件夹未必完全相同，后续仍需要依据文件大小、修改日期等属性来进一步判定，所以删除重复文件时须谨慎。

4）网络分享

Everything 内置了 HTTP 和 ETP/FTP 服务器，可以把它当作简单的服务器来使用。选择菜单栏中的"工具"→"HTTP 服务器"后，在浏览器中输入 http://localhost 或本机 IP 地址即可访问。

5）指定搜索范围

在默认情况下，Everything 搜索本地 NTFS 磁盘的所有目录，在有需要时也可以自行限定搜索范围，得到更易用的结果列表。若要 Everything 永不索引某个磁盘，可在"工具"→"选项"→"NTFS 磁盘"中选定相应盘符，取消"搜索本卷"或"包含在数据库中"；若要永远排除某些目录，可在"工具"→"选项"→"排除列表"中设定，确认后 Everything 会重新生成索引，如图 3-8 所示；若要只搜索某个目录，可先在"工具"→"选项"→"常规"中勾选"集成到资源管理器右键菜单"复选框，如图 3-9 所示，然后在资源管理器中，右击该目录，在弹出的菜单中选择"搜索 Everything…"，这时会看到搜索框中出现了带引号的目录名，如图 3-10 所示。

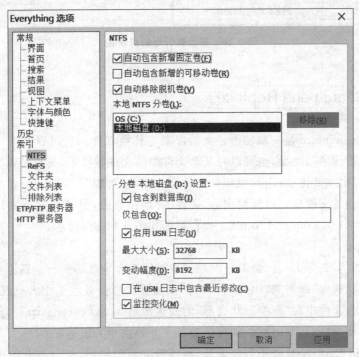

图 3-8 Everything 索引范围设置界面

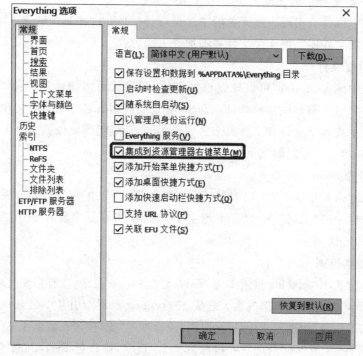

图 3-9　勾选选项

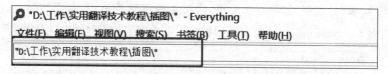

图 3-10　显示带引号的目录名

3.3.3　Search and Replace

Search and Replace 是一款功能强大的搜索与替换软件。它可以在同一部硬盘中对所有的文件进行搜索与替换,也可以对 ZIP 文件中的文件做搜索,支持特殊字符条件表达式搜索,或是以脚本文件(Script)做搜索与替换工作,也可以以二进制的表示方式做搜索与替换。搜索到的文件也可以针对内容、属性、日期做修改,另外还支持文件管理器的右键快捷功能菜单。Search and Replace 操作界面如图 3-11 所示。

1.搜索与替换

例如,2020 年 2 月 11 日,世卫组织总干事谭德赛在全球研究与创新论坛记者会上宣布,将"新型冠状病毒"命名为"COVID-19"。某国际大会会务组工作人员发现,之前大会发布的多份公告文件中对"新型冠状病毒"的表达都是"novel coronavirus",他想找出这些文件并将其替换为"COVID-19"。如何快速找到并替换相关表达呢?

Search and Replace 软件不需要安装,解压后可直接使用,平时主要使用带"望远镜"的图标。为方便使用,可以把这个图标复制到桌面上,并固定在任务栏中。双击图标打开

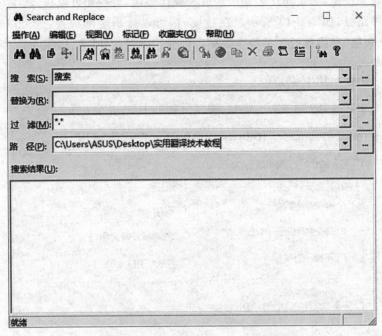

图 3-11　Search and Replace 操作界面

软件，在搜索框中输入"novel coronavirus"，在替换框中输入"COVID-19"文件过滤设为
"＊.＊"，表示不限定文件名称和文件类型，选定搜索路径"C:\Users\ASUS\Desktop\实
用翻译技术教程\案例分析"。设置完成后，单击"替换"按钮，在 Search and Replace 中进
行搜索与替换，如图 3-12 所示。

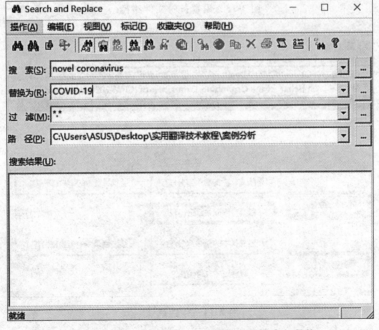

图 3-12　在 Search and Replace 中进行搜索与替换

替换时需要注意,为了防止替换失误或者操作失误,替换前可以在"选项"→"替换"中设置备份文件路径,如图 3-13 所示。在替换时,可以选择全部替换,也可以选择逐个替换,替换确认包括"替换此处""替换全部剩余部分""跳过此处"等,如图 3-14 所示。

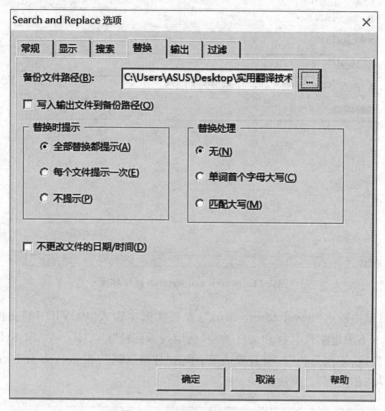

图 3-13　设置备份文件路径

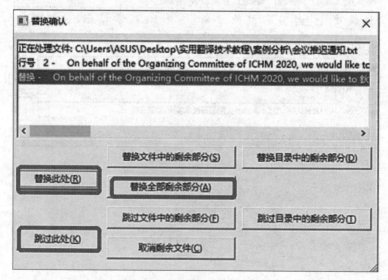

图 3-14　替换确认

　　替换完成后，双击替换前搜索到的"novel coronavirus"，发现已经被替换为"COVID-19"，分别如图 3-15 和图 3-16 所示。

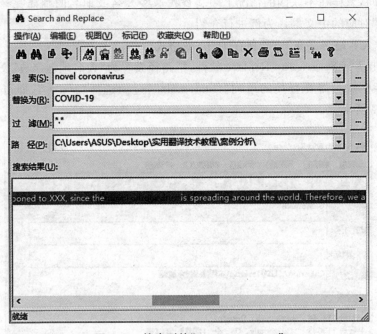

图 3-15　搜索到的"novel coronavirus"

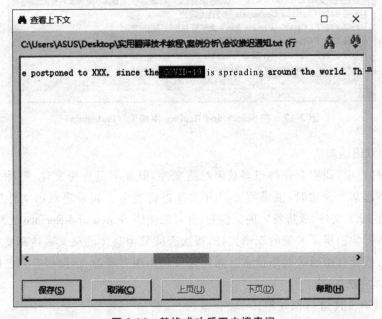

图 3-16　替换成功后双击搜索词

2. 在英语学习中的应用

1）词典功能

　　在已经建立语料库的前提下，Search and Replace 能帮助译者在自建语料库中快速查

找所需词汇,从而提高翻译效率,达到事半功倍的效果。

例如,在翻译中我们常常会遇到陌生的人名或地名,利用词典查找或者网络搜索会花费大量的时间,怎样在不联网的情况下顺利查找这些人名或地名的翻译呢?下面以搜索"Guatemala"对应的中文翻译为例进行介绍。

（1）将"人名地名字典"下载保存为 TXT 格式。

（2）双击运行 Search and Replace 软件,把路径设置为"人名地名字典"文件夹所在的位置,在搜索框输入需要查找的单词"Guatemala",过滤选择"＊.＊",即可获得搜索结果,如图 3-17 所示。

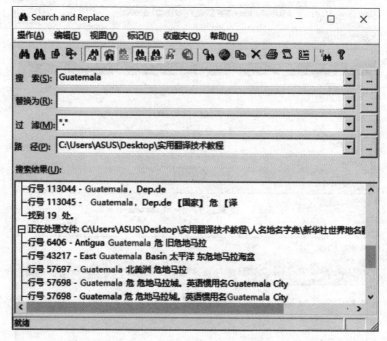

图 3-17　在 Search and Replace 中搜索"Guatemala"

2）自建双语语料库

在翻译过程中,我们会获得很多双语对照文件,但并不是每份文件、每种表达都能记得住,当想不起某个表达时,通常需要打开文件进行搜索。如果将双语文件进行对齐处理,并另存为 TXT 文件,放进特定的文件夹,就可以使用 Search and Replace 软件进行搜索。

例如,某同学积累了大量的双语文件,每次查阅某个具体的英文表达都要打开某个文件进行搜索,或者直接通过网络搜索。如何充分利用现有资源,帮助提升自己的英文表达水平呢?具体方法如下。

（1）将现有文件进行预处理。

（2）将双语文件对齐,并导出为 TXT 格式,保存到某个固定文件夹。

（3）打开 Search and Replace 软件,将路径设为语料库所在的位置,设置"搜索子目录"后即可搜索。如搜索"绿水青山就是金山银山"便可直接获得结果,如图 3-18 所示,单击鼠标右键可查看上下文。

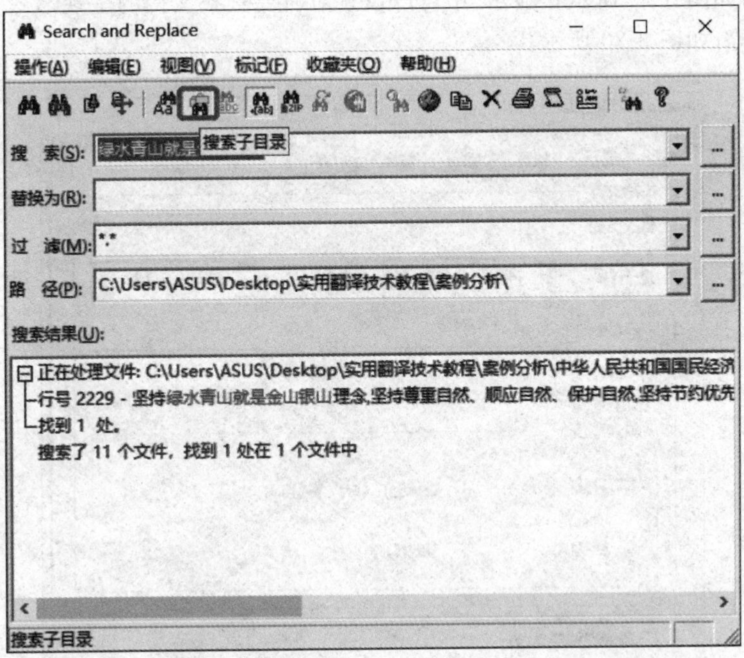

图 3-18　在 Search and Replace 中搜索"绿水青山就是金山银山"

3. 相关技巧

1）熟悉快捷键

Search and Replace 常用快捷键如表 3-4 所示。

表 3-4　Search and Replace 常用快捷键

快 捷 键	动 作
Ctrl+F	仅搜索
Ctrl+H	搜索并替换
Ctrl+T	更改属性
F2	文件操作
Ctrl+C	复制搜索结果
Ctrl+P	打印搜索结果
Ctrl+S	保存搜索结果

2）设定文件搜索范围

在主界面第三行的命令输入框内，将文件掩码统一更改为"∗.∗"，表示搜索与第一行命令输入框内要查询字段或主题词相同的文件，包含所有文件格式、文件名称、文件内相同字段的文档。

3）设置限定条件及展示效果

选择主界面"视图"→"选项"，打开"Search and Replace 选项"对话框。这里有"常规""显示""搜索""替换""输出""过滤"六个选项卡。其中，"过滤"中可以限定文件修改日期

和字节大小，如图 3-19 所示；"显示"中可以设置对所要查找文档的呈现形式，如文件颜色和找到颜色等，如图 3-20 所示。

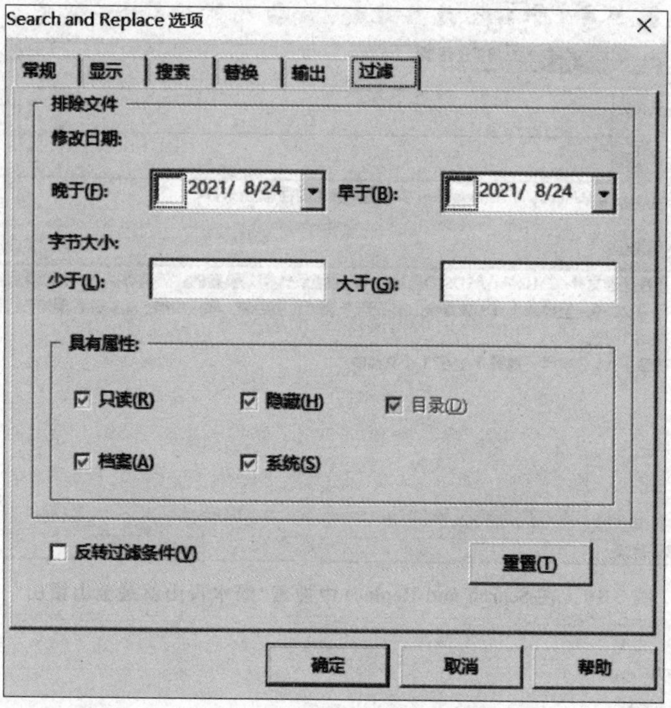

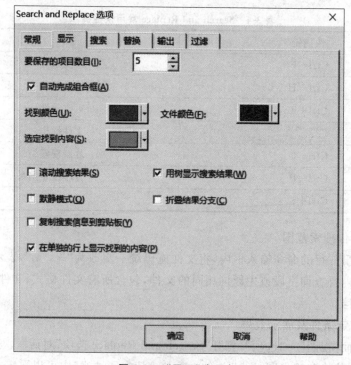

图 3-19 "过滤"选项卡

图 3-20 "显示"选项卡

4）设置查询对象及属性

要扩大搜索范围，只需在主菜单中选择"标记"菜单，用鼠标选择"区分大小写""搜索子目录""整词匹配""正则表达式""搜索 ZIP 文件"等项目，如图 3-21 所示。建议无论输入何种字段，都要选中"搜索子目录"和"搜索 ZIP 文件"，让软件全方位地搜索，不遗漏多层子目录中或压缩包内的文件。

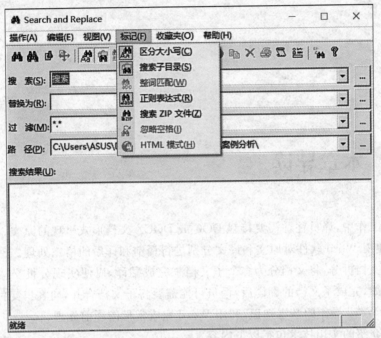

图 3-21　Search and Replace 标记菜单界面

3.4　综合练习

本章介绍了文件管理与命名及桌面搜索的具体方法。请使用本章介绍的相关技术，完成以下练习。

（1）想查找一个关于某公司 2020 年的财务报表（Excel 文件），但是不确定保存在计算机、移动硬盘还是 U 盘里，该如何使用 Everything 快速找到该文件？

（2）某同学在翻译某篇文章时，将多份文件中的"朝代"译为"dynasty"，忘记首字母大写。请选择合适的工具，帮助他快速、统一地将"dynasty"修改为"Dynasty"。

Word进阶应用

4.1 本章导读

在翻译工作中,译员往往需要接触 DOC 或 DOCX 文档形式呈现的原文、译文以及其他文件,并使用 Word 软件对原文和译文分别进行译前和译后的格式处理。例如,译员可能需要利用文档拆分,将文档分为多个子文档来完成翻译,以便实现分批交稿、控制进度的目的。再如,完成子文档的翻译后,译员可能需要将子文档合并,向客户交付完整文档。本章将讲解 Word 操作的基本知识,利用 Word 完成常见的译前处理。

本章将介绍的实用技术包括以下内容。

（1）Word 中的视图、样式、宏等基本概念。

（2）常用的 Word 快捷键。

（3）样式的设置、多级列表的应用、文档的合并和拆分,以及宏的应用。

4.2 基础知识

4.2.1 视图

Word 中的"视图"是指为满足使用者的不同阅读、编辑需求,向使用者提供的不同页面呈现方式。Word 2010 及其后的版本有五种视图模式可选,即"阅读视图""页面视图""Web 版式视图""大纲"和"草稿",如图 4-1 所示。

五种视图模式的功能如表 4-1 所示。

图 4-1　五种视图模式

表 4-1　五种视图模式的功能

视图模式	介　　　绍
阅读视图	以图书的分栏样式显示文档，Office 按钮、功能区等窗口元素被隐藏起来。在阅读视图中，用户可以通过"工具"按钮选择各种阅读工具
页面视图	默认视图，可查看文档的打印外观，主要包括页眉、页脚、图形对象、分栏设置、页面边距等元素，是最接近打印效果的页面视图
Web 版式视图	在此视图下可以看到文档在网页形式下的样式，适用于发送电子邮件和创建网页。在遇到超宽表格和对象时可切换到 Web 版式视图，操作更方便
大纲	用于设置文档和显示标题的层级结构，通过移动标题实现对应内容的移动，可折叠和展开各种层级内容。大纲视图广泛用于长文档的快速浏览和设置。此外，在大纲视图下，可轻松完成文档的合并和拆分
草稿	该视图下页面上仅显示标题正文内容，页眉页脚等元素不会显示

4.2.2　快捷键

快捷键又叫快速键或热键，是指通过使用某些特定的按键、按键顺序或按键组合来完成操作，提高工作效率。表 4-2 展示了处理翻译文档时常用的快捷键及其作用。

表 4-2　常用的快捷键及其作用

快　捷　键	作　　　用
Ctrl＋A	选中文档所有内容
Ctrl＋左键	若光标位于某单词中间，则跳至所在单词的首字母前；若光标位于某单词的首字母前，则跳至前一个单词的首字母前
Ctrl＋右键	光标跳至下一个单词的首字母前
Ctrl＋上键	若光标位于某段落中间，则跳至所在段落的段首；若光标位于某段落段首，则跳至前一个段落的段首
Ctrl＋下键	光标跳至下一个段落的段首
Shift	选中特定内容
Shift＋左/右键	选中前/后一个字符
Shift＋上/下键	从当前位置向前/后选中一行
Ctrl＋Shift＋左键	若光标位于某单词中间，则选中光标当前位置至所在单词首字母间的所有字母；若光标位于某单词末字母后，则选中整个该单词

快 捷 键	作 用
Ctrl＋Shift＋右键	若光标位于某单词中间，则选中光标当前位置至所在单词末字母的所有字母；若光标位于某单词首字母前，则选中整个该单词
Ctrl＋Shift＋上/下键	从当前位置向前/后选中一个段落
Home	回到当前所在行行首
End	到达当前所在行行尾
Ctrl＋Home	回到当前文档开头
Ctrl＋End	到达当前文档末尾
Shift＋Home	选中当前位置到行首的所有内容
Shift＋End	选中当前位置到行尾的所有内容
Ctrl＋Shift＋Home	选中当前位置到文档开头的所有内容
Ctrl＋Shift＋End	选中当前位置到文档末尾的所有内容
Ctrl＋向前/向后滚动鼠标	放大/缩小
Ctrl＋L	左对齐
Ctrl＋R	右对齐
Ctrl＋E	居中对齐
Ctrl＋Z	撤销
Ctrl＋Y	反撤销
双击鼠标	选中一个词
三击鼠标	选中一个段落

4.2.3　样式

样式是指应用于文字的一套格式特征。在"样式"中可设置字体的大小、颜色、字号和段落的编号方式、对齐方式、行距等，如图 4-2 所示。通过使用"样式"，可快速设置标题、正文、题注、脚注等各个文本元素的格式，并确保格式编排的一致性。

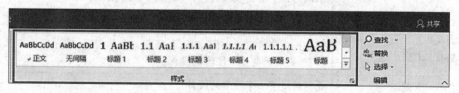

图 4-2　设置样式

4.2.4　项目符号、编号、多级列表

Word 的编号方式有三种：项目符号、编号和多级列表（分别对应图 4-3 中的①、②、

③）。项目符号和编号只能对同一级内容进行标识或编号,多级列表则可对多级内容进行排序,并展示出不同级别内容之间的关系。

图 4-3 Word 的编号方式

对图 4-4 的文字分别进行项目符号、编号、多级列表编号操作,结果见图 4-5 中从左到右的三种情况。

```
动物分类
按生活环境分
    陆生动物
    水生动物
    两栖动物
按形态分
    脊椎动物
    无脊椎动物
```

图 4-4 待编号文字示例

```
动物分类           动物分类           动物分类
•按生活环境分      1. 按生活环境分     1   按生活环境分
 陆生动物             陆生动物           1.1 陆生动物
 水生动物             水生动物           1.2 水生动物
 两栖动物             两栖动物           1.3 两栖动物
•按形态分          2. 按形态分         2   按形态分
 脊椎动物             脊椎动物           2.1 脊椎动物
 无脊椎动物           无脊椎动物         2.2 无脊椎动物
```

图 4-5 项目符号、编号、多级列表示例

4.2.5 文档合并和拆分

文档合并是指将多个文档合并成一个文档,文档拆分是指把一个文档拆分成多个文档。高效的文档的拆分和合并需要在"大纲"视图下进行。

4.2.6 宏

宏是指作为一个独立命令使用的单个或一系列 Word 命令。如果需要重复执行某组复杂的命令或输入特殊的字符,可以使用宏来自动实现该命令,提高工作效率。

4.3 案例解析

4.3.1 设置标题样式

设置标题样式需要两个基本的步骤，一是创建样式；二是应用样式。此外，也可对已创建的样式进行修改或更新，从而改变标题的样式效果。

1. 创建样式

创建标题样式的步骤如下。

（1）在开始选项卡下的"样式"中选择展开按钮，如图 4-6 所示。

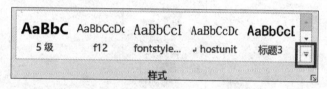

图 4-6 展开样式

（2）单击"创建样式"按钮，如图 4-7 所示，弹出"根据格式化创建新样式"窗口。

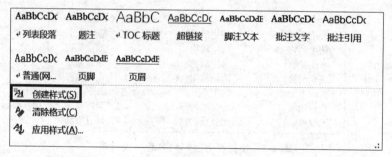

图 4-7 创建样式

（3）在弹出的窗口中单击"修改"按钮，如图 4-8 所示。

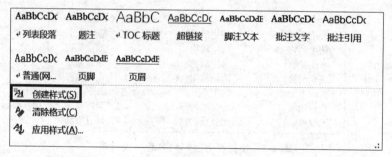

图 4-8 修改新样式

（4）对字体、段落等格式进行设置，单击"确定"按钮，即可成功创建新样式，如图 4-9 所示。

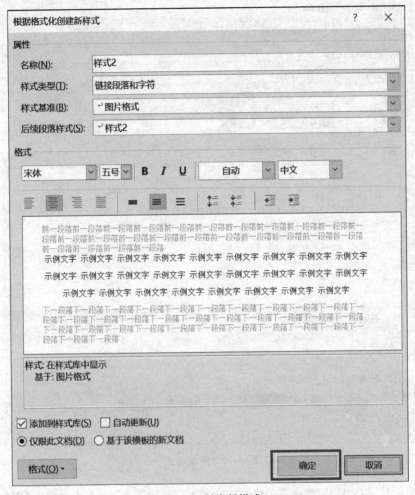

图 4-9　创建新样式

2. 应用样式

创建标题样式后，还需把样式应用到标题内容上，步骤如下。

（1）选中要设置样式的标题内容，或将光标放至该内容行的任意位置。

（2）在"样式"栏中单击要应用的样式，即可完成对标题样式的设定。

3. 修改样式

（1）鼠标放置在"样式"栏中需要修改的样式上→右击→单击"修改"按钮，弹出"修改样式"窗口。

（2）在"修改样式"窗口中对字体、段落等格式进行设置，单击"确定"按钮，即可成功修改样式，如图 4-10 所示。

4. 更新样式

（1）先选中一个标题，修改好它的样式。

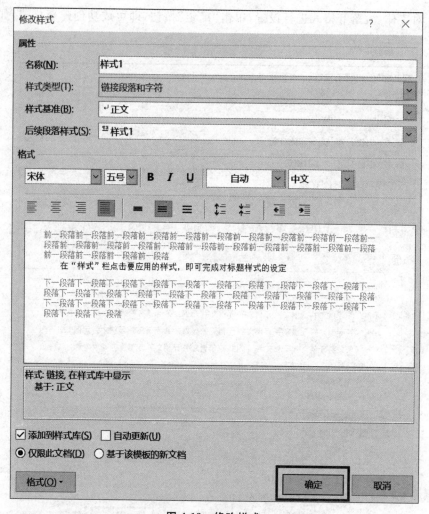

图 4-10　修改样式

（2）鼠标放置在"样式"栏中需要修改的样式上（如"标题 1"）→右击→单击"更新 标题 1 以匹配所选内容"，即可成功更新样式，如图 4-11 所示。

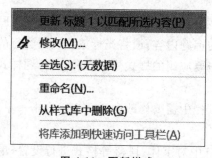

图 4-11　更新样式

更新后的样式"标题 1"与在步骤（1）中修改后的标题样式一致。更新样式后，此前所有设置为该样式的内容的格式都会得到更新。

4.3.2 多级标题编号

以图 4-12 中文字为例,对标题进行多级标题编号。

(1) 为各级标题应用相应的样式。"按生活环境分:"和"按形态分:"应用样式"标题 1","陆生动物""水生动物""两栖动物""脊椎动物"和"无脊椎动物"应用样式"标题 2"。

(2) 为标题应用多级列表可分为直接应用已有的多级列表样式和使用自定义的多级列表样式,后者又分为定义新的多级列表和定义新的列表样式。

```
动物分类
  按生活环境分
    陆生动物
    水生动物
    两栖动物
  按形态分
    脊椎动物
    无脊椎动物
```

图 4-12　待编号文字示例

(3) 如果选择直接应用已有的多级列表样式,则选中所需的文本内容,在"开始"→"段落"组中单击并展开"多级列表",如图 4-13 所示,单击选择相应的列表样式即可,如图 4-14 所示。

图 4-13　单击"多级列表"

(4) 如果选择自定义新的多级列表样式,则在"开始"→"段落"组中单击并展开"多级列表",选择"定义新的多级列表"或"定义新的列表样式",如图 4-15 所示。

图 4-14　选择列表样式

图 4-15　展开"多级列表"

如果选择"定义新的多级列表",系统会弹出"定义新多级列表"窗口,如图 4-16 所示。首先在左上角选"单击要修改的级别",如"1";然后在对应的级别中,将级别链接到对应的样式,如"标题 1"(级别"2"则对应"标题 2",以此类推);选择"此级别的编号样式",如"1,2,3,…""A,B,C,…"等。其他设置可按照用户的需求进行选择,完成所有设置后单击"确定"按钮即可。

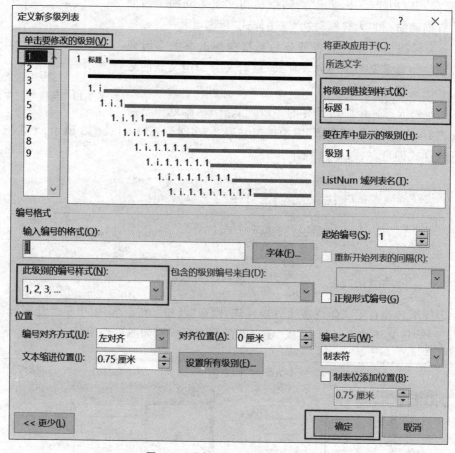

图 4-16 "定义新多级列表"窗口

例如,在级别"1"下选择"标题 1",样式为"1,2,3,…",在级别"2"下选择"标题 2",样式为"a,b,c,…",结果如图 4-17 所示。

图 4-17 "定义新的多级列表"示例

如果选择"定义新的列表样式",系统会弹出"定义新列表样式"窗口,如图 4-18 所示,单击左下角的"格式"→"编号"按钮。

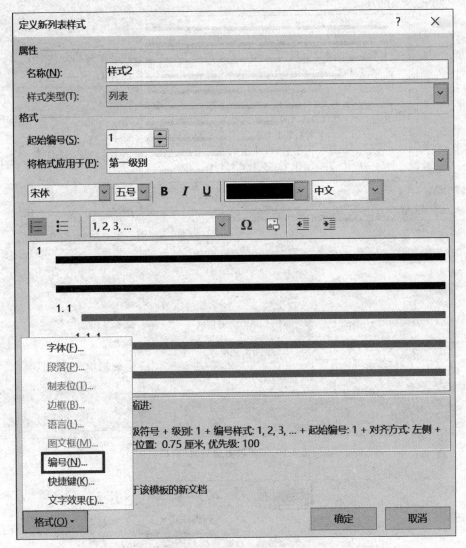

图 4-18 "定义新列表样式"窗口

系统弹出"修改多级列表"窗口,如图 4-19 所示,在该窗口按"定义新的多级列表"的步骤进行操作,就会得到新的列表样式(查看方式为展开"开始"→"段落"栏的"多级列表",在右上角选择"全部"或"多级列表",如图 4-20 所示)。选中所需添加多级列表的文本内容,单击该新增的"多级列表"即可成功应用该自定义的多级列表样式。

例如,在级别"1"下选择"标题 1",样式为"Ⅰ,Ⅱ,Ⅲ,…",在级别"2"下选择"标题 2",样式为"i,ii,iii,…",可得到图 4-21 中的列表样式。应用该新列表样式,结果如图 4-22 所示。

实

用

翻译技术

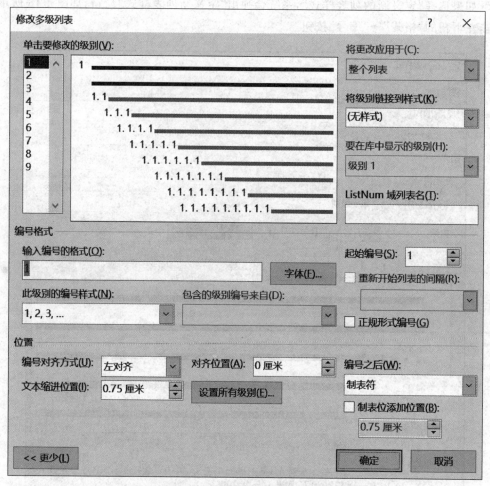

图 4-19 "修改多级列表"窗口

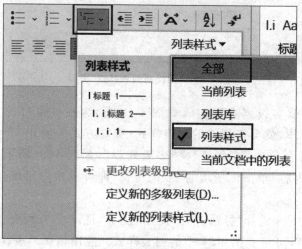

图 4-20 查看新的列表样式

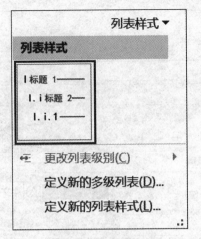

图 4-21　列表样式

图 4-22　"定义新的列表样式"示例

（5）修改列表样式。使用"定义新的列表样式"的好处在于可以修改样式，步骤是把鼠标放在新增的列表样式上方，右击→单击"修改"按钮，如图 4-23 所示。

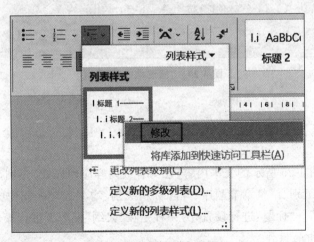

图 4-23　修改列表样式

系统会弹出"修改样式"窗口，如图 4-24 所示，在该窗口按"定义新的多级列表"的步骤进行操作即可。

修改样式

属性

名称(N): 样式1

样式类型(T): 列表

格式

起始编号(S): 1

将格式应用于(P): 第一级别

B *I* U 中文

I, II, III, ... Ω

I

I. i

I. i. 1

I. i. 1. 1

缩进:
　左侧: 0 厘米
　悬挂缩进: 4.25 字符, 多级符号 + 级别: 1 + 编号样式: I, II, III, ... + 起始编号: 1 + 对齐方式: 左侧 +
对齐位置: 0 厘米 + 缩进位置: 0.75 厘米, 优先级: 100

● 仅限此文档(D) ○ 基于该模板的新文档

格式(O)· 确定 取消

图 4-24 "修改样式"窗口

4.3.3 调整文档结构

本小节将以图 4-25 所示的文本内容(已为各级内容应用样式)为例,介绍如何查看文档结构、设置显示级别、调整章节顺序、升降标题级别、增减标题。操作方式有两种,一种是通过"导航窗格"→"标题"进行设置;另一种是在"大纲"视图下进行操作。

1. "标题"栏中的操作

1) 查看文档结构

如果文档已经为各级别内容设置了样式,拥有一定的文档结构,那么就可以查看文档的结构。依次选择"视图"→"显示"→"导航窗格",如图 4-26 所示,在文档左侧调出"导航"窗口→选择"标题"栏,查看文档结构,如图 4-27 所示。此时,单击导航窗格中展示的

动物分类

1　按生活环境分

　1.1　陆生动物

陆生动物是指在陆地上生活的动物，包括哺乳类动物、爬行类动物、鸟类等。

　1.2　水生动物

水生动物是指主要在水里生活的动物，绝大多数依靠水里的溶解氧来呼吸，但鲸鱼等由陆生动物转变成水生动物的动物除外。

　1.3　两栖动物

两栖动物既可以在陆地上生存，也可以在水中生存，常见的两栖动物有青蛙、雨蛙、树蛙、蟾蜍、大鲵、小鲵、蝾螈等。

2　按形态分

　2.1　脊椎动物

脊椎动物是指有脊椎骨的动物，包括鱼类、两栖动物、爬行动物、鸟类和哺乳动物五大类。

　2.2　无脊椎动物

无脊椎动物是指背侧没有脊柱的动物，它们是动物的原始形式，种类数占动物总种类数的95%。包括原生动物、棘皮动物、软体动物、扁形动物、节肢动物、线形动物等。

图 4-25　调整文档结构示例

标题可跳至对应的内容。

图 4-26　查看文档结构

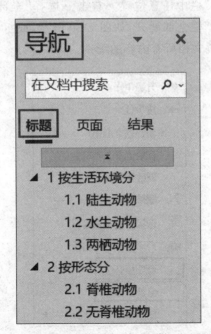

图 4-27　选择"标题"栏

使用"标题"栏查看文档结构的好处是能够同时看到文档结构和文档内容,方便实时了解光标所处的位置,能够快速定位文档内容。

2)设置显示级别

在"标题"栏中设置显示级别只能影响"标题"栏中的级别展示情况,不影响文档内容的展示情况。"标题"栏中的显示级别设置方式有以下三种。

(1)通过单击标题左侧的三角形符号展开或折叠该标题下面级别的标题,如图 4-28 所示。三角形符号表示该标题级别下还有下一级标题,白色三角形表示该标题下的子标题已收起,黑色三角形表示该标题下的子标题已展开。该方法用于展开或折叠局部内容的级别。

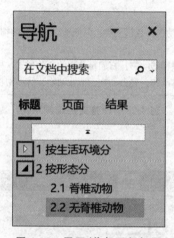

图 4-28　展开/收起下级标题

(2)把鼠标放在"标题"栏中任意位置→右击→选择"全部展开"或"全部折叠",如图 4-29 所示,即可将"标题"栏全部展开,如图 4-30 所示,或折叠至最高级,如图 4-31 所示。该方法用于展开或折叠文档所有内容的级别。

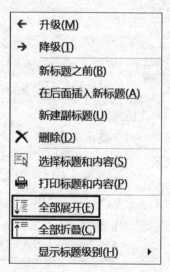

图 4-29　全部展开/全部折叠

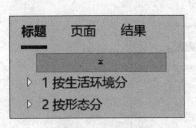

图 4-30　全部展开

图 4-31　折叠至最高级

（3）把鼠标放在"标题"栏中任意位置→右击→单击并展开"显示标题级别"（见图 4-32）→选择需要显示的级别，如"全部""显示标题 1"等（见图 4-33）。该方法用于展开或折叠文档所有内容的级别。

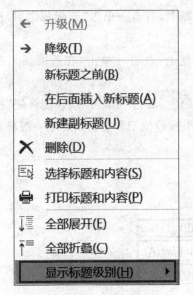

图 4-32　显示标题级别

图 4-33　选择显示级别

3）调整章节顺序

在"标题"栏中，把鼠标放在待调整的标题上，长按鼠标左键并上下拉动标题到指定位置即可调整章节顺序。

4）升降标题级别

在"标题"栏中，把鼠标放在待调整的标题上，右击，单击"升级"或"降级"按钮，可使该标题升一级或降一级，如图 4-34 所示。

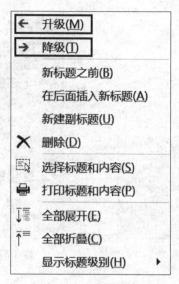

图 4-34　升降大纲级别

5）增减标题

添加新标题有以下三种方式。

（1）在"标题"栏中，把鼠标放在指定的标题上，右击→单击"新标题之前"按钮，即可在该标题前增加一个同级标题。

（2）在"标题"栏中，把鼠标放在指定的标题上，右击→单击"在后面插入新标题"按钮，即可在该标题后增加一个同级标题。

（3）在"标题"栏中，把鼠标放在指定的标题上，右击→单击"新建副标题"按钮，即可在该标题下增加一个下一级标题，新增的下一级标题位于原有的所有下一级标题之后，如图 4-35 所示。

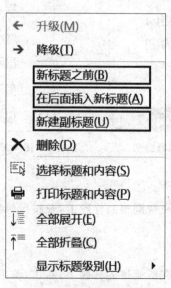

图 4-35　添加新标题

删除已有标题的方式是：在"标题"栏中，把鼠标放在需要删除的标题上，右击，单击"删除"按钮，删除该标题及其下所有内容，如图 4-36 所示。

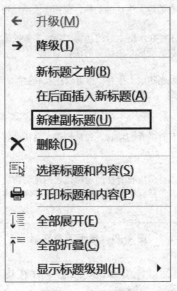

图 4-36　删除标题

2."大纲"视图中的操作

1）查看文档结构

依次选择"视图"→"大纲"，将文档视图设置为"大纲"视图。此时，在"大纲显示"选项卡下，左侧级别表示当前光标所在位置或选中内容的级别，如图 4-37 所示。

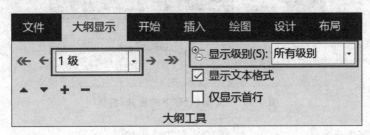

图 4-37　大纲显示

2）设置显示级别

显示级别有以下三种设置方式。

（1）通过图 4-37 右侧的"显示级别"选择要在文档中展示的级别内容，如选择"1 级"只显示一级标题，如图 4-38 所示，选择"所有级别"则展示包括正文的所有级别内容，如图 4-39 所示。这种方式用于同时调整文档内所有内容的显示级别。

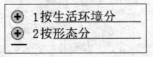

图 4-38　显示一级标题

⊙ 动物分类
⊕ 1 按生活环境分
⊕ 1.1 陆生动物
⊙ 陆生动物是指在陆地上生活的动物，包括哺乳类动物、爬行类动物、鸟类等。
⊕ 1.2 水生动物
⊙ 水生动物是指主要在水里生活的动物，绝大多数依靠水里的溶解氧来呼吸，但鲸鱼等由陆生动物转变成水生动物的动物除外。
⊕ 1.3 两栖动物
⊙ 两栖动物既可以在陆地上生存，也可以在水中生存，常见的两栖动物有青蛙、雨蛙、树蛙、蟾蜍、大鲵、小鲵、蝾螈等。
⊕ 2 按形态分
⊕ 2.1 脊椎动物
⊙ 脊椎动物是指有脊椎骨的动物，包括鱼类、两栖动物、爬行动物、鸟类和哺乳动物五大类。
⊕ 2.2 无脊椎动物
⊙ 无脊椎动物是指背侧没有脊柱的动物，它们是动物的原始形式，种类数占动物总种类数的95%。包括原生动物、棘皮动物、软体动物、扁形动物、节肢动物、线形动物等。

图 4-39　显示所有级别

（2）双击标题前的"⊕"图标（"⊕"表示该标题下存在内容，"⊖"表示标题下不存在内容，"⊙"表示为正文内容），即可展开或折叠这个标题的所有内容。这种方式用于调整文档局部内容的显示级别。

（3）把鼠标放在待调整的标题上，单击"大纲显示"下的"展开"符号"＋"或"折叠"符号"－"，如图 4-40 所示，可展开或折叠该标题的下一级标题或正文内容，继续单击可展开或折叠下一级标题或正文内容。这种方式用于调整文档局部内容的显示级别。

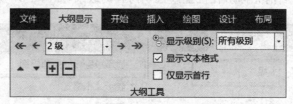

图 4-40　"大纲显示"下的展开/折叠

3）调整章节顺序

调整章节顺序有以下两种方式。

（1）长按并拖动标题前的"⊕"图标至指定位置，该标题及其内容将同时移动位置。

（2）把鼠标放在待调整的标题上，单击"大纲显示"下的上移符号"▲"或下移符号"▼"，如图 4-41 所示，该标题会向上或向下移动，但标题下的内容位置不变。

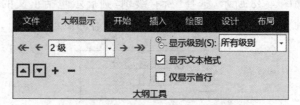

图 4-41　上移或下移标题

4）升降标题级别

把鼠标放在级别待调整的标题上，单击"大纲显示"下的提升至标题 1 符号"≪"、升级符号"←"、降级符号"→"、降级为正文符号"≫"，如图 4-42 所示，可分别将标题提升至最高级、提升一级、降低一级、降低为正文。

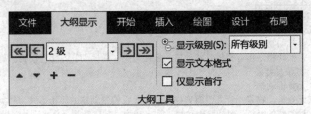

图 4-42　"大纲显示"下的级别升降

5）增减标题

添加同级标题需要将鼠标放置在标题前方或末尾，按下回车键，即可在该标题前面或后面新增一个同级空白标题。例如，把鼠标放置在标题"按生活环境分"前面或后面，在键盘上按回车键，结果分别如图 4-43 和图 4-44 所示。但需要注意，如果在标题后新增同级标题，原标题下的内容将从属于新标题，原有标题下无内容。

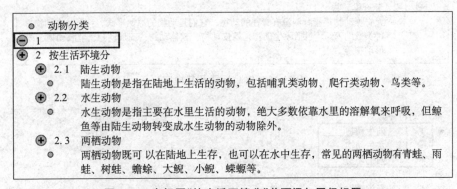

图 4-43　在标题"按生活环境分"前面添加同级标题

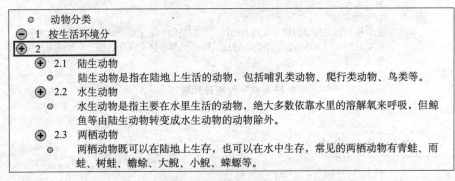

图 4-44　在标题"按生活环境分"后面添加同级标题

如果需要快速删除某个标题及其所有内容，可折叠并隐藏该标题的所有内容，选中该标题，在键盘上按删除键 Backspace 或 Delete。必须全选标题后统一删除，不能将标题逐

字删除,否则只会删除标题,标题下的内容仍会保留。以删除标题"按生活环境分"为例,选中标题后按删除键,如图 4-45 所示,标题及其内容一并被删除,如图 4-46 所示;如果逐字删除标题,则仅删除标题,其内容仍保留,如图 4-47 所示。

```
○  动物分类
⊕  1    按生活环境分
⊕  2    按形态分
    ⊕  2.1  脊椎动物
        ○    脊椎动物是指有脊椎骨的动物,包括鱼类、两栖动物、爬行动物、鸟类和哺乳动
             物五大类。
    ⊕  2.2  无脊椎动物
        ○    无脊椎动物是指背侧没有脊柱的动物,它们是动物的原始形式,种类数占动物总
             种类数的95%。包括原生动物、棘皮动物、软体动物、扁形动物、节肢动物、线
             形动物等。
```

图 4-45 选中标题

```
○  动物分类
⊕  1    按形态分
    ⊕  1.1  脊椎动物
        ○    脊椎动物是指有脊椎骨的动物,包括鱼类、两栖动物、爬行动物、鸟类和哺乳动
             物五大类。
    ⊕  1.2  无脊椎动物
        ○    无脊椎动物是指背侧没有脊柱的动物,它们是动物的原始形式,种类数占动物总
             种类数的95%。包括原生动物、棘皮动物、软体动物、扁形动物、节肢动物、线
             形动物等。
```

图 4-46 删除标题及其内容

```
○  动物分类
    ⊕  1.1  陆生动物
    ⊕  1.2  水生动物
    ⊕  1.3  两栖动物
⊕  2    按形态分
    ⊕  2.1  脊椎动物
        ○    脊椎动物是指有脊椎骨的动物,包括鱼类、两栖动物、爬行动物、鸟类和哺乳动
             物五大类。
    ⊕  2.2  无脊椎动物
        ○    无脊椎动物是指背侧没有脊柱的动物,它们是动物的原始形式,种类数占动物总
             种类数的95%。包括原生动物、棘皮动物、软体动物、扁形动物、节肢动物、线
             形动物等。
```

图 4-47 仅删除标题

4.3.4 文档拆分合并

1. 拆分文档

要把上述"动物分类"文档按照一级标题"按生活环境分"和"按形态分"拆分为两个子文档,具体步骤如下。

(1)新建文件夹并将其命名为"动物分类-拆分文档",把原文档"动物分类"复制粘贴

到该文件夹中,如图 4-48 所示。

图 4-48　创建文件夹"动物分类-拆分文档"

请注意,是复制粘贴,而不是移动。因为拆分文档会改变被拆分文档的内容,所以出于资源安全,要保留原文档。

(2) 打开文件夹"动物分类-拆分文档"中的待拆分文件"动物分类"。

(3) 在"视图"下单击"大纲"按钮,切换至"大纲"视图。

(4) 选择"显示级别"为"1 级",如图 4-49 所示。

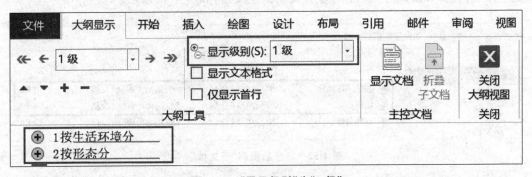

图 4-49　"显示级别"为"1 级"

(5) 在"大纲显示"的"主控文档"下单击"显示文档"按钮,选中要拆分的标题,单击"创建"按钮,如图 4-50 所示。

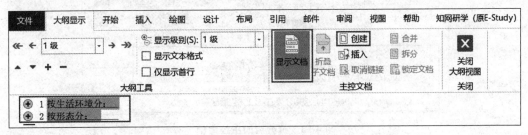

图 4-50　选中要拆分的标题

(6) 拆分成两个独立节,"按生活环境分"和"按形态分"彼此独立,如图 4-51 所示。

(7) 保存文档,即可完成文档拆分。此时查看文件夹"动物分类-拆分文档",可看到新增的两个文件,系统分别将其命名为"按生活环境分"和"按形态分"[①]。被拆分的文档

---

① 子文档的名称不包含自动编号的数字和标点符号,所以如果子文档数量较多,需要按照编号排序,则应该在拆分文档前先将标题的自动编号转换为手动编号。

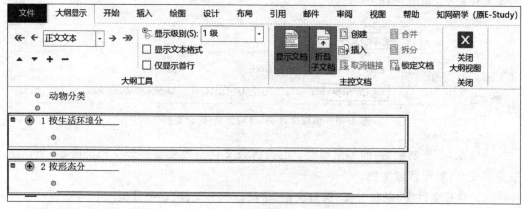

图 4-51　拆分成两个独立节

是主控文档,拆分得到的文档称作主控文档的子文档,如图 4-52 所示。

名称	修改日期	类型	大小
按生活环境分	2022/4/14 0:44	Microsoft Word 文档	14 KB
按形态分	2022/4/14 0:44	Microsoft Word 文档	14 KB
动物分类	2022/4/14 0:44	Microsoft Word 文档	32 KB

图 4-52　拆分后得到"子文档"

此时主控文档"动物分类",被拆分的内容只剩下超链接,如图 4-53 所示。

图 4-53　拆分后的主控文档

2. 合并拆分后的文档

上文将文档"动物分类"按照一级标题拆分为两个子文档,现在要将这两个子文档合并,还原主控文档,具体步骤如下。

(1) 打开主控文档"动物分类",依次选择"视图"→"大纲",切换至"大纲"视图。

(2) 单击"大纲显示"选项下"主控文档"中的"展开子文档"按钮,如图 4-54 所示。

(3) 单击"显示文档"按钮,如图 4-55 所示,子文档内容以独立节形式存在,如图 4-56 所示。

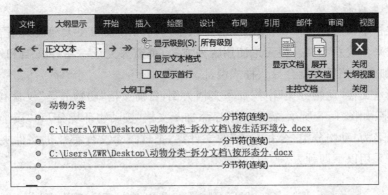

图 4-54 展开子文档

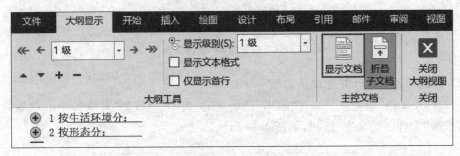

图 4-55 显示文档

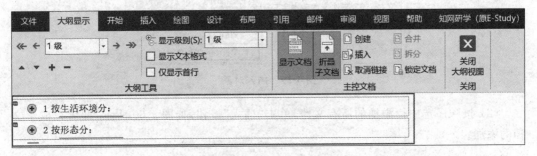

图 4-56 独立节形式的子文档内容

（4）选中需要还原的子文档的内容，单击主控文档中的"取消链接"按钮，如图 4-57 所示。

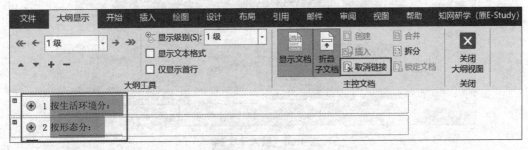

图 4-57 取消子文档链接

（5）保存文档，即可成功合并经过拆分的子文档。

3. 合并生成新文档

新建文档中没有链接可以合成，此时可以采用插入对象和在大纲模式下合并子文档这两种方式来生成新文档。但无论使用哪种方法，都需要先统一主控文档和子文档的样式，否则添加子文档后可能会导致样式混乱。

以在新建文档"动物分类"中添加子文档为例，目前文档"动物分类"仅含有标题"动物分类"四个字，如图 4-58 所示，需要按顺序添加子文档"按动物环境分"和"按形态分"。首先创建一个名为"动物分类-合并文档"的文件夹，把这三个文件都放进文件夹中，方便管理。然后可采用以下两种方法。

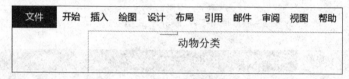

图 4-58　新建文档"动物分类"

1) 通过插入对象合并生成新文档

（1）打开文档"动物分类"，在"插入"选项下的"文本"中找到"对象"，单击右侧的下拉箭头，单击"文件中的文字"按钮，如图 4-59 所示。

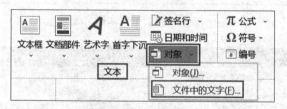

图 4-59　插入对象

（2）按顺序选中待添加的所有文档，单击"插入"按钮，如图 4-60 所示，即可完成子文档的添加。

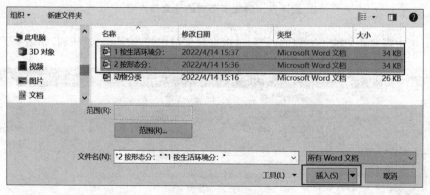

图 4-60　插入子文档

2) 在大纲模式下合并生成新文档

（1）打开文档"动物分类"，依次选择"视图"→"大纲"，切换至"大纲"视图。

（2）在"大纲显示"选项下的"主控文档"中单击"显示文档"→"插入"按钮，如图4-61所示。

图4-61　单击"插入"

（3）依次按顺序选择待添加的文档，一次只能插入一个文档，并单击"打开"按钮，插入所有待添加的子文档，如图4-62所示。

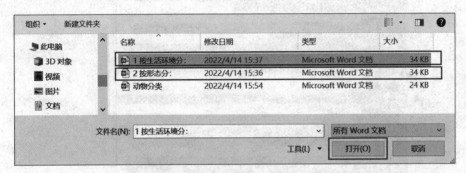

图4-62　依次选择待添加的子文档

（4）此时的文档"动物分类"如图4-63所示，子文档内容以独立节形式存在，此时的文档"动物分类"依赖于子文档，无法独立存在，需要取消主控文档与子文档之间的链接。

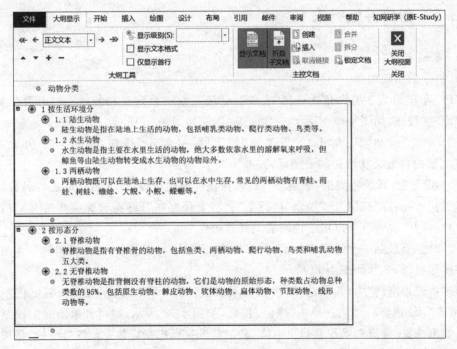

图4-63　子文档内容以独立节形式

选中子文档的内容，单击"大纲显示"选项下"主控文档"中的"取消链接"按钮，如图 4-64 所示，即可让文档"动物分类"独立存在，完成子文档的添加。

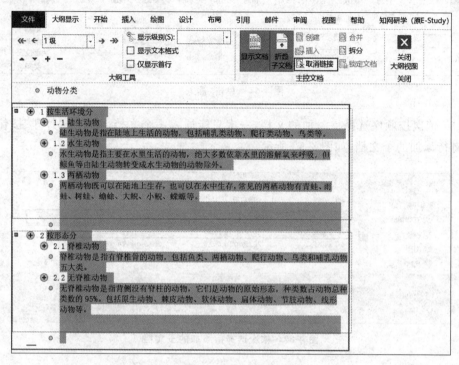

图 4-64　取消链接

4.3.5　创建并运行宏

1. 录制宏

录制宏的步骤如下。

（1）调出"开发工具"：依次选择"文件"→"选项"→"自定义功能区"→"开发工具"→单击"确定"按钮，如图 4-65 所示，"开发工具"界面如图 4-66 所示。

（2）单击"录制宏"：单击"开发工具"栏下的"录制宏"按钮，如图 4-67 所示，或者 Word 底部的自定义状态栏的宏图标，如图 4-68 所示。

（3）设置宏：系统将弹出"录制宏"窗口，在该弹窗中可设置"宏名"（即宏的名称）、"将宏指定到"（即通过"按钮"或"键盘"运行宏）、"将宏保存在"（即将宏保存在所有文档或指定文档），以及"说明"（可以用于说明宏的具体操作）。

例如，想要录制一个让字体加粗、斜体的宏，则可以将宏命名为"加粗斜体"，添加说明为"字体加粗、斜体"，如图 4-69 所示。

在"将宏指定到"中，如果选择"按钮"，系统会弹出"Word 选项"窗口，需要把左侧栏新增的宏"添加"至右侧栏→单击"确定"按钮，如图 4-70 所示，即可开始录制由按钮启动的宏；如果选择"键盘"，系统会弹出"自定义键盘"窗口，把鼠标放在此窗口中的"请按新快捷键"下的框中，按下自行选择的某个快捷键（如 Ctrl＋1）→单击"指定"→"关闭"按钮，如

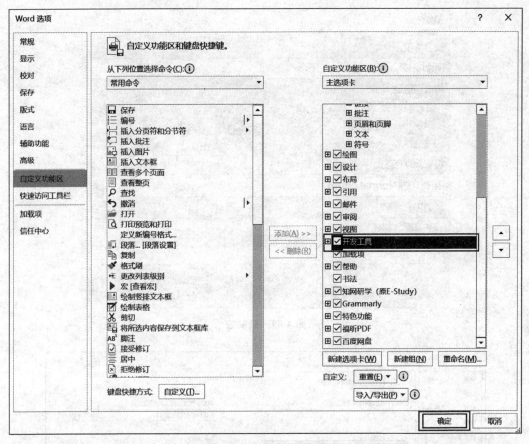

图 4-65 调出"开发工具"

图 4-66 "开发工具"界面

图 4-67 单击"录制宏"

图 4-68 自定义状态栏的宏图标（未在录制）

图 4-71 所示，即可开始录制由此快捷键启动的宏；也可以都不选，直接在图 4-69 所示的界面中单击"确定"按钮，即可开始录制宏。

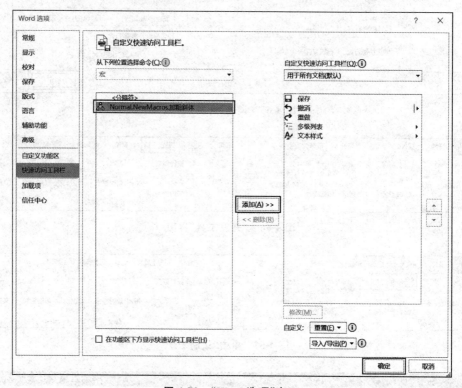

图 4-69 录制宏

图 4-70 "Word 选项"窗口

（4）录制宏：进行需要录制的特定设置操作，如果中途需要暂停，则单击"开发工具"栏下的"暂停录制"按钮，如图 4-72 所示，恢复录制时单击"恢复录制"按钮，如图 4-73 所

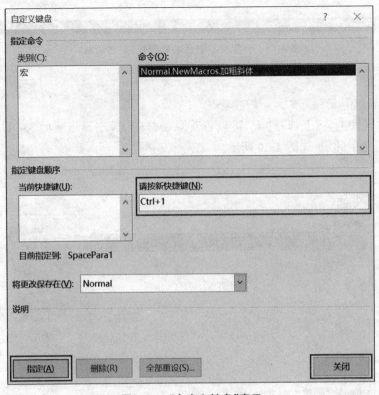

图 4-71　"自定义键盘"窗口

示,进行完所有操作后单击"停止录制"按钮,如图 4-74 所示,或单击 Word 底部的自定义状态栏的宏图标,如图 4-75 所示,即可录制成功。

图 4-72　暂停录制

图 4-73　恢复录制

图 4-74　停止录制

第37页，共39页　8261个字　中文(中国)　　辅助功能：调查　　　　　　　　100%

图 4-75　自定义状态栏的宏图标（正在录制）

2. 运行宏

运行宏有以下三种方法。

（1）在"开发工具"下选择"宏"可以查看录制好的宏，选择指定的宏，单击"运行"按钮，即可运行选中的宏，如图 4-76 所示。

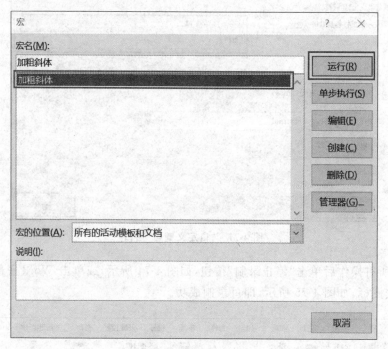

图 4-76　运行宏

（2）如果在录制宏时把宏指定到"键盘"，则可以直接使用当时设定的快捷键运行宏。

（3）将宏添加到自定义功能区并运行，步骤如下。

① 在功能区空白处右击，选择"自定义功能区"，如图 4-77 所示。

图 4-77　自定义功能区

② 系统会弹出"Word 选项"窗口，在该窗口中单击"新建选项卡"，对出现的"新建选项卡"和其下"新建组"重命名，如均命名为"宏"，如图 4-78 所示。

③ 在"从下列位置选择命令"下方选择宏，如选中刚才录制的宏"加粗斜体"，单击"添加"按钮，把它添加到右侧栏新建组"宏"之下，单击"确定"按钮，即可成功将宏添加到自定义功能区，如图 4-79 所示。

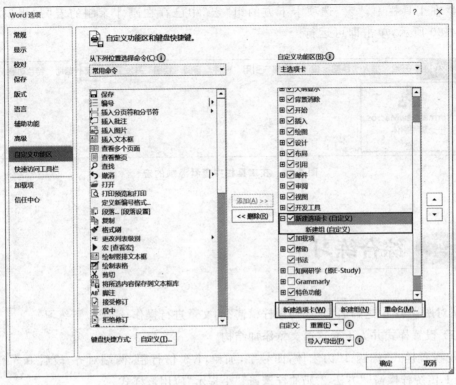

图 4-78　新建选项卡"宏"

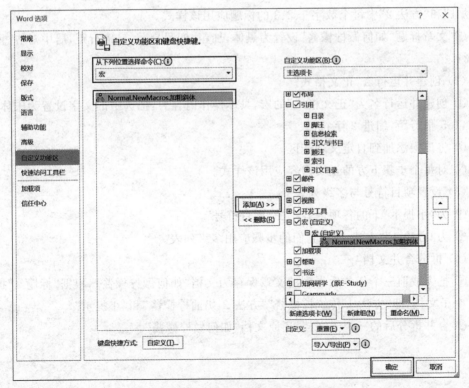

图 4-79　添加宏"加粗斜体"至选项卡"宏"

④ 在工具栏中,"宏"选项卡下方的组"宏"中已存在刚才录制的宏"加粗斜体",如图 4-80 所示,单击即可运行。

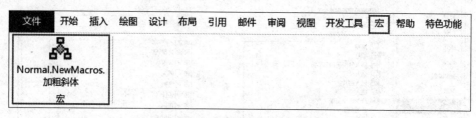

图 4-80 在工具栏中查看添加的宏

4.4 综合练习

请对图 4-81 中这篇名为"如何做柠檬酱"的文章进行操作,完成以下练习。

(1) 设置样式并为下面这篇文章添加结构

① 设置样式"标题 1"为宋体,四号字,加粗,1.5 倍行距,两端对齐,段后 0.5 行,对"方法 1 传统柠檬酱""方法 2 奶油柠檬酱""小提示"应用该样式。

② 设置样式"标题 2"为宋体,五号字,加粗,1.5 倍行距,两端对齐,缩进 2 字符,对"方法 1"和"方法 2"中每个数字 1、2、3 的标题应用该样式。

③ 文章标题"如何做柠檬酱"设置为黑体,加粗,四号字,1.5 倍行距,居中对齐,段后1.5 行。

(2) 创建并运行宏"正文格式"

① 创建并运行名为"正文格式"的宏,具体操作内容为:把选中的文字设置为宋体,五号字,1.5 倍行距,缩进 2 字符。

② 将该宏添加到自定义功能区。

③ 对每个步骤下方的正文内容应用该样式。

(3) 设置项目符号与多级列表

① 为"小提示"下的各项内容添加"项目符号"。

② 为"方法 1""方法 2"和它们的步骤应用多级列表。

(4) 拆分合并文档

① 把完成前三个任务后得到的文章保存为文档"如何做柠檬酱",根据"标题 1"拆分为 3 个子文档,即"方法 1 传统柠檬酱""方法 2 奶油柠檬酱"和"小提示"。

② 合并拆分后的三个子文档,还原文档"如何做柠檬酱"。

如何做柠檬酱

方法1　传统柠檬酱

1　将凉水、玉米淀粉和糖混合

这一步要用一个厚底平底锅，避免因为热对流（热量自身散发）不畅，而把黏稠的半流质混合物烧焦了。

2　打开火炉，使用中小火，慢慢搅拌

当混合物开始变得黏稠，加快搅拌速度，这是玉米淀粉发挥作用了。

3　放入柠檬汁、黄油、柠檬皮，然后食用

再次搅拌，确保黄油与其他物质混合。当混合物变得均匀、透明，那么柠檬酱就做好了。

方法2　奶油柠檬酱

1　在一个小的深平底锅中，将鸡蛋、水、柠檬汁和柠檬皮搅拌使其充分混合

在搅拌均匀的混合物中，柠檬皮会均匀地分布其中。

2　在火炉上用中火对混合物加热。在烹饪液体时放入糖和奶油并搅拌

搅拌直到黄油完全融化，柠檬酱达到沸腾状态。

3　沸腾之后将平底锅端离火炉，冷却后趁热食用

奶油版本的柠檬酱可搭配面包丁、姜饼甚至冰激凌，口感非常不错。而且做起来也非常简单。

小提示

如果想要快速地变化风味，可以用等量的无酒精龙舌兰酒代替水添加到混合物中。如果想要更具有异国风味，那么可以尝试加入酒精。不要放入过多的酒精，酒精会与玉米淀粉相互作用。

小瓶装调味剂通常只有香精油的独特风味，却没有酸味，因此通常需要加入一定量的柠檬汁来弥补。

一点浅浅的颜色除了好看之外，还可以帮助大脑确认味道。浅黄色很适合柠檬，深黄色就有点奇怪了，可以试试加一滴橘色的精华来代替橘汁，或用绿色酸橙酱代替酸橙汁。

图 4-81　文章"如何做柠檬酱"

第二部分

译中处理

计算机辅助翻译

5.1 本章导读

本章将讲解能大幅提高翻译质量和效率的一大利器——计算机辅助翻译(computer aided translation,CAT)工具。

计算机辅助翻译与机器翻译(MT)的区别主要在于谁是翻译过程的主导者。机器翻译完全依赖计算机,以计算机为主导,所以又被称为自动翻译;计算机辅助翻译则由译员主导,在计算机的辅助下,利用数据库的存储与检索功能完成整个翻译过程,从而实现流程管理、术语管理、语料管理、知识库管理等功能。

CAT 工具使繁重的人工翻译流程部分自动化,利用其自动记忆和搜索机制,可以自动将用户翻译的内容存储在记忆库中。当用户翻译某个新句段时,工具会自动在记忆库中搜索已经翻译过的内容,如果有相同或相似的已翻译内容,工具会将这些内容呈现出来,这一过程称为匹配。如果当前翻译的句段用户曾经翻译过,工具会自动匹配以前的翻译结果,这在所译文件内容大量重复时能够大幅提高效率,确保前后翻译一致。对于相似的句段,工具也会根据其匹配率给出相似句段,供翻译时参考。用户可以根据自己的需要采用、舍弃或编辑重复出现的文本。这样,用户就无须重复以前的劳动,从而提高翻译速度和准确性。此外,在大规模翻译项目中,通过快捷分配任务与协作翻译,计算机辅助翻译能帮助项目经理对翻译项目进行有效的管理,提高团队合作的效率,保证译文风格的统一以及术语使用的一致性。

按照架构不同,CAT 工具主要可以分为三种,即单机版、计算机/服务器(C/S)版、浏览器(B/S)版。单机版是 CAT 工具发展早期的主要形式,Trados、memoQ、Wordfast 等老牌 CAT 工具在早期都是单机版。随着计算机技术的进步,这些工具逐步开始兼有 C/S 架构的版本或功能,利用服务器提供证书授权或记忆库共享,为团队协作提供了更大的可能性。无论是单机版还是 C/S 架构版本,多需要单独安装,而且费用较高,操作流程较复杂,通常适用于翻译公司及专业译员,对新手译员不够友好。

与前两者相比,浏览器版的 CAT 工具不用单独安装,流程相对简单,随着网络基础设施的建设推进,译员接入网络的条件变得十分便利,可以随时随地完成翻译任务,多人高效协同翻译也更加容易。国际上,Wordfast、memoQ、XTM、SmartCat 等不同类型的浏览器版 CAT 工具应用广泛,国内也有 YiCAT、译马网、云译客等浏览器版 CAT 工具。

本章将介绍的实用技术包括以下内容。

(1) 计算机辅助翻译相关概念、工作原理及流程。

(2) 浏览器版 CAT 工具 YiCAT 的使用方法。

(3) 单机版 CAT 工具 Transmate 的使用方法。

5.2　基础知识

5.2.1　CAT 工具"三大利器"

1. 翻译记忆库

CAT 技术的核心是翻译记忆(translation memory,TM)技术,翻译记忆技术是翻译流程的重要组成部分。当译员工作时,CAT 将已经译完的字段存入数据库,即翻译记忆库。每当相同或相近的短语出现时,系统会自动搜索并提示用户记忆库中最接近的译法,用户也可以根据自己的需要采用、舍弃或编辑重复出现的文本。基于 TM,用户可避免大量重复劳动,只需专注于新内容的翻译。翻译过程中,翻译记忆库在后台不断储存新的译文,对于重复率较高的文本,能够大量减少译员记忆与录入的时间,提高翻译效率。在多文件翻译过程中,同一记忆库也可以用于不同文件的翻译,确保译文统一,提升翻译效率。

2. 翻译术语库

CAT 技术的另一个重要组成部分是术语管理技术,该技术通过术语库(term base,TB)来实现。术语库是一种计算机化的术语集合。面向翻译的术语库一般是双语或多语对照词表,并附带其他相关信息,如学科范围、行业、定义、词性等。术语库可以经过进一步加工,在标准化后供不同的翻译场景吸收使用。广义地说,翻译中出现的任何词汇,如果有重复使用的必要,都可以作为术语进行保存。

与记忆库一样,术语库也可以重复利用。术语库不仅可以在单个项目中应用,也可在系列项目或其他人的翻译工作中重复使用,从而提高工作效率,解决术语翻译的一致性问题。术语可通过手工自建、使用语帆术语宝或金声语料对齐助手提取、在语料平台上购买等方式获得。

3. 快捷分配和协作功能

大型的翻译项目常常需要多人完成。使用 Word 文档翻译时,需要多次拆稿、分稿、合稿、统稿,耗费大量的时间。使用 CAT 工具可以轻松地实现任务的拆分与分配,浏览器版或 B/S 版更便于实现协作翻译、译审同步等功能,既能节省时间,又能减少烦琐的沟通,还不用担心内容遗漏、版本更新、术语不一致、重复翻译等问题。

5.2.2　YiCAT 在线翻译管理平台

　　YiCAT 在线翻译管理平台(以下简称"YiCAT")是一款基于计算机辅助翻译技术的 B/S 架构翻译管理系统。YiCAT 平台功能丰富、操作简单、运行流畅,具有多语种多格式支持、实时掌控翻译项目进度、高效团队管理及多人协同翻译、文档拆分与任务分配、译审同步、支持机器翻译与译后编辑等特点。

5.2.3　Transmate 辅助翻译软件

　　Transmate 辅助翻译软件(以下简称 Transmate)汇集项目管理、翻译、校对、排版四大功能,分为单机版、网络版和项目管理版。Transmate 系列软件的亮点在于个人免费使用、具有实时翻译记忆和自动排版等功能、可导出双语或目标语文件、可自定义数据库。

5.3　案例解析

5.3.1　YiCAT 的使用

　　1. YiCAT 的使用模式

　　YiCAT 目前有团队版和企业版两种版本,支持翻译、翻译＋审校、译后编辑三种工作流程。翻译项目中的成员有着各自的角色,如项目经理、译员、审校等。在 YiCAT 中,不同角色对应不同权限,详见平台帮助文档。

　　2. YiCAT 翻译流程

　　YiCAT 翻译流程如图 5-1 所示。

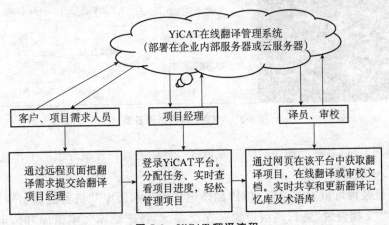

图 5-1　YiCAT 翻译流程

3. 技术实操

下面以一个三人翻译团队（包括项目经理、译员和审校人员）完成"婴儿产品详情页"翻译为例，讲解 YiCAT 的操作方法，原文如图 5-2 所示。项目经理、译员和审校人员经过注册加入团队后，根据角色、任务的不同，分别进行以下操作。

- 适合0～24个月的宝宝。
- 整个玩具采用柔软的橡皮筋贯穿各个角度，按压时可以随之发生形变，保护宝宝在玩耍的过程中不受伤害。
- 激发宝宝对色彩的认知能力。吸引宝宝注意力，可以冷藏，缓和发牙疼痛。
- 采用PU软管，不含化学物，勿浸泡于水中。赢得多项婴幼儿玩具大奖，包括欧本汉经典玩具蓝筹奖。
- 可用常温清水洗涤，严禁使用高温滚水消毒和清洗。

图 5-2 "婴儿产品详情页"原文

1）项目经理的基础操作

组建译员团队、合理利用语料资源是生产优质译稿的重要前提。项目经理需要首先进行团队管理，提前录入团队成员的信息。

（1）单击侧边栏的"成员管理"→"添加成员"按钮，页面会弹出邀请窗口。项目经理依次填写被邀请人的邮箱账号、姓名及角色。单击"邀请"按钮后，YiCAT 会发送一封邮件到被邀请人的邮箱账号，要求在收到邮件的 24 小时内选择"同意并加入"团队。邮箱验证前，邀请状态为"已邀请"。验证邮箱后，邀请状态变为"已加入"。

（2）完成团队成员邀请后，即可开始项目创建与分配工作。首先单击 YiCAT 主界面的"项目管理"→"新建项目"按钮，进入项目创建界面，如图 5-3 所示。

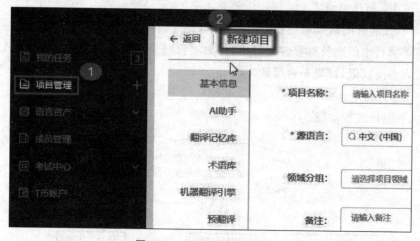

图 5-3 YiCAT 项目创建界面

依次填写"项目名称""截止时间""源语言""目标语言""领域分组""工作流""备注"等信息，如图 5-4 所示。

（3）项目经理可根据项目需要对"翻译记忆库""术语库""机器翻译引擎""预翻译""质量保证""文档设置"进行高级设置。在设置"翻译记忆库""术语库"时，可启用语料

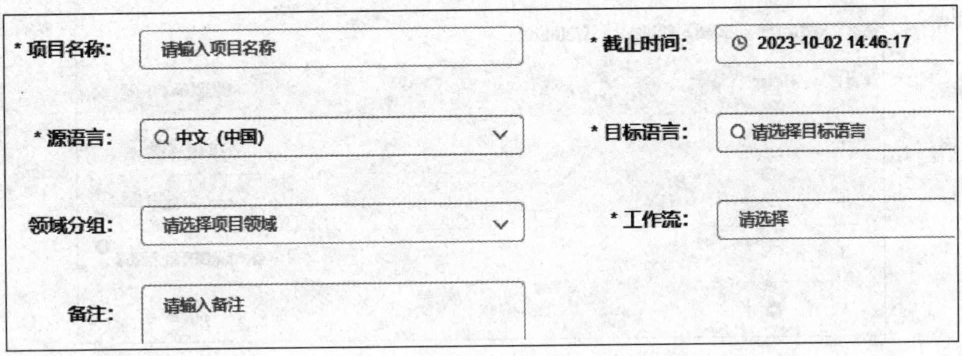

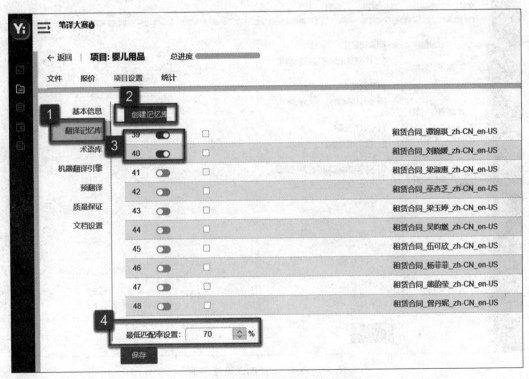

图 5-4 YiCAT 基本信息界面

云管家中已有的记忆库/术语库或新建记忆库/术语库并上传本地记忆库/术语库至 YiCAT,作为项目的参考记忆库/术语库。根据项目需要,启用要加载的记忆库,设置最低匹配率,如图 5-5 所示。

图 5-5 YiCAT 翻译记忆库设置界面

在设置机器翻译引擎时,目前 YiCAT 中包含 YiCAT 优选、谷歌翻译、腾讯翻译君、阿里翻译、百度翻译、搜狗翻译、有道翻译、微软翻译、小牛翻译和新译翻译等。项目经理可以按需启用上述机器翻译引擎,如图 5-6 所示。

在设置预翻译时,要对是否使用翻译记忆库、机器翻译、自动填充标记等做出选择,如图 5-7 所示。

序号	启用	机器翻译供应商
1	○	YiCAT优选 ❷
2	○	ChatGPT翻译 NEW
3	○	⊕ ChatGPT融合翻译 ❷
4	●	谷歌翻译

请选择将要启用的机器翻译（单选）：《使用协议》

图 5-6　YiCAT 机器翻译引擎设置界面

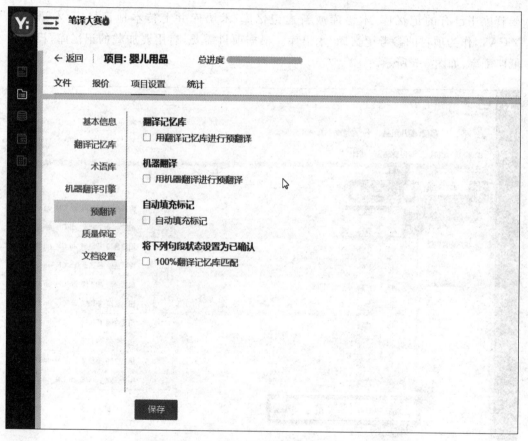

图 5-7　YiCAT 预翻译设置界面

设置质量保证（quality assurance，QA）可以帮助检查拼写、标点等低级错误，降低审校负担，提高翻译效率。YiCAT 目前可提供 30 项 QA 规则及严重级别。除前 5 种 QA 规则默认启用且已设置为"严重错误"外，项目经理或译员可选择是否启用其他 25 种 QA 规则，并设置"轻微错误""一般错误""严重错误"三种级别，如图 5-8 所示。

在进行文档设置时，可对所要翻译文档的文档类型、是否翻译页眉页脚、是否翻译批注等做出规定。完成以上高级设置后，单击"保存"按钮，如图 5-9 所示。

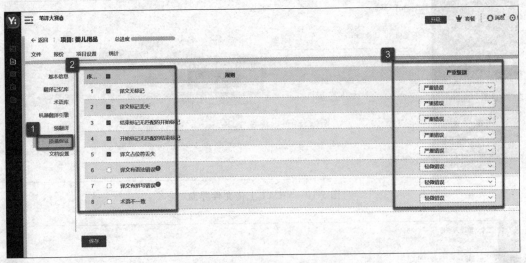

图 5-8　YiCAT 质量保证设置页面

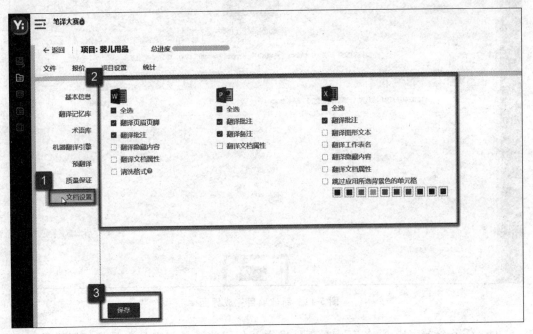

图 5-9　YiCAT 文档设置界面

（4）单击图 5-9 中左上角的"文件"按钮进入上传文件界面。单击"＋上传文件"按钮选择文件或直接拖放单个文件到相应位置上传文件，如图 5-10 所示。

上传文件完成后，单击下方的"完成"按钮，即新建项目成功，如图 5-11 所示。

（5）创建好项目后，项目经理就可以给译员和审校人员分配翻译任务了。不同于传统的手动拆分，YiCAT 支持在线分配任务，并且有可视化模式和均分模式两种模式可供选择。在可视化模式下，整篇文章会以句子为单位进行拆分并显示在页面上。在均分模式下，只会显示翻译字数和审校字数。

图 5-10　YiCAT 上传文件界面

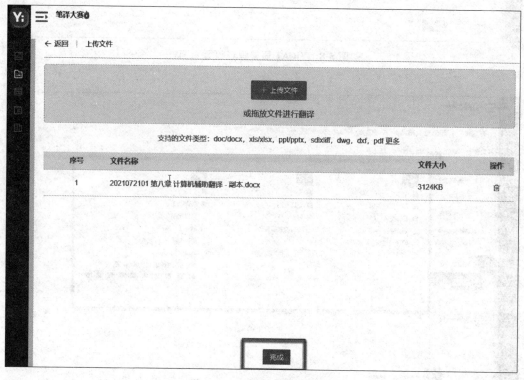

图 5-11　新建项目完成界面

（6）任务分配完毕，将各有一封邮件发送至相应的译员与审校人员的邮箱账号。译员登录邮箱，单击"去翻译"按钮接受任务分配或登录 YiCAT 在"我的任务"中选择"去翻译"，即可开始翻译。审校人员进入邮箱单击"去审校"按钮接受任务分配或登录 YiCAT 在"我的任务"中选择"去审校"，即可开始翻译或审校。

（7）在"项目管理"→"当前项目"页面，项目经理可以查看创建的项目详情，如图 5-12 所示。

详情中会罗列出该项目的项目状态、语言方向、项目流程、项目进度、创建时间、截止时间、文件数等信息。单击"上传文件"按钮，项目经理可为已有项目添加新的文件。鼠标移至进度时，会显示进度百分比。项目状态分为准备中、未开始、进行中、已完成，如图 5-13 所示。

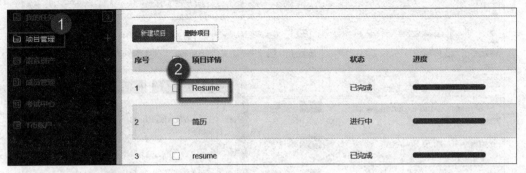

图 5-12　查看项目详情界面

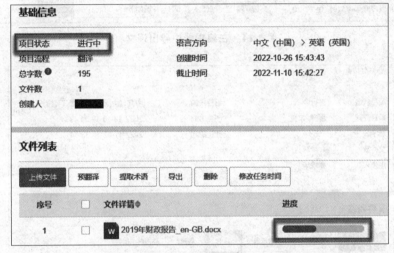

图 5-13　项目状态界面

（8）待译员和审校人员完成各自的翻译任务并定稿后，项目经理可以导出译文。项目经理可以从三个渠道导出译文：编辑器、项目详情页和项目列表。

若用编辑器，可单击编辑器右上方的"导出"按钮，选择导出翻译译文、审校译文、TMX 文档、原文，如图 5-14 所示。

　若用项目详情页，可单击项目详情页的"导出"按钮，导出翻译译文、审校译文、TMX文档、原文，如图 5-15 所示。

若用项目列表，可单击"导出"按钮，导出翻译译文、审校译文、TMX 文档、原文，如图 5-16 所示。

2）项目经理的高级操作

（1）锁定重复。客户传来的文件有时会出现重复内容。如果将这些重复内容分配给不同译员翻译，可能会出现内部不统一的情况，从而影响翻译的专业性。针对这一情况，项目经理可以在创建项目时选择启用文件锁定重复功能。YiCAT 不仅支持文件内部锁定重复，还支持跨文件锁定重复，即只需翻译一条，其余重复内容将会自动填充，这可以很好地帮助项目经理解决文档内部统一的问题。项目经理在创建项目时，勾选高级设置按钮旁的"锁定重复内容"，YiCAT 会锁定除第一次出现外的其他相同句子，译员/审校人员

图 5-14　在编辑器中导出译文

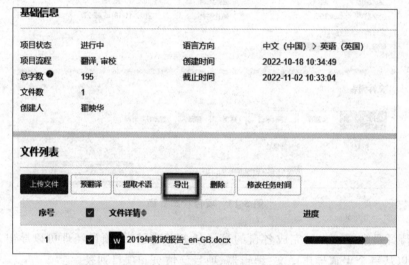

图 5-15　在项目详情页导出译文

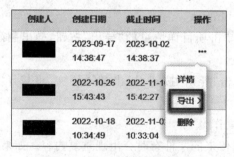

图 5-16　在项目列表导出译文

只需修改第一句,此后相同的句子会自动填充。如果需要解除锁定,项目经理可单击"项目管理"→"当前项目"→"详情"按钮进入项目详情页,单击"设置"按钮,取消"锁定重复内容"的勾选,单击"保存"按钮即可。

（2）共享记忆库。为了使译者接触并使用其他优质的翻译记忆库资源，YiCAT与 Tmxmall 的共享记忆库（共享记忆库为付费功能）打通。共享记忆库包括 Tmxmall 语料商城的 2 亿余条记忆库。启用共享记忆库后，YiCAT 会默认先检索项目加载的记忆库，再检索语料快搜和语料云管家的记忆库。若无匹配结果，则会检索语料商城的记忆库。匹配到共享记忆库结果后，系统会自动扣除账户中相应的余额。

（3）质量保证报告。质量保证报告是通过比对数据库，根据设定的参数生成的质量检查报告，可用于检查各类错误，追溯错误发生位置，提高翻译质量。QA 设置可以帮助译员减少差错，还可依据译文的 QA 错误，生成 QA 报告，以罚分的方式辅助项目经理对译员的翻译能力进行评估。在"项目管理"中单击某一项目的"详情"按钮，打开该翻译项目，选择"更多"下的"QA 报告"，即可下载该文件的 QA 报告。

（4）统计信息。统计信息用于获取项目的基本信息，可为报价提供支持。在项目详情页单击"统计"按钮，即可查看文件的统计信息，包括句段数、字符数、字数等。项目经理还可以通过单击"下载分析报告"按钮，获取 Excel 版的统计报告。

3）译员和审校人员的基础操作

译员和审校人员在进入编辑器开始自己的任务之前，需要确保项目经理已经成功给自己分配了待翻译或审校的任务。

进入 YiCAT 主界面，单击左侧的"我的任务"按钮，如图 5-17 所示。

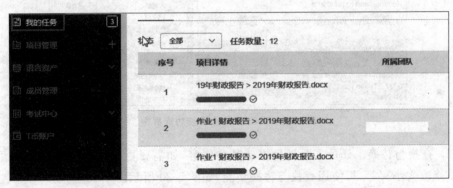

图 5-17　YiCAT 接受任务界面

单击"去翻译"或"去审校"按钮，进入编辑器页面，开始当前状态下的译文编辑，如图 5-18 所示。

图 5-18　YiCAT 编辑器界面

完成翻译或审校任务后,译员和审校人员可单击页面右上方的"提交"按钮,将文档状态从"提交"更改为"已提交"。译员和审校人员如果在提交后发现译文还有需要改进的地方,只要在任务未到期或未被取消之前进入编辑器,修改句段后再次提交即可。

YiCAT 支持译审同步,译员和审校人员可以同时在同一个任务里作业,为整个项目节省大量的时间。只要译员确认了句段,审校人员就可以在自己的计算机上对该句段进行实时修改。

除了项目经理可以导出译文,译员和审校人员也可在编辑器中进行此操作。单击编辑器右上方的"导出"按钮,就可以导出翻译译文、审校译文、TMX 文档和原文。

4)译员的高级操作

(1)句段筛查。译员需要对某种句段进行统一查看或修改。如翻译某些句段时,译员可能暂时只写了一个草稿,或是想统一查看审校修改的句段,又或是要集中对使用机器翻译的句段进行译后编辑。此时,译员就可使用句段筛查功能,如图 5-19 所示。

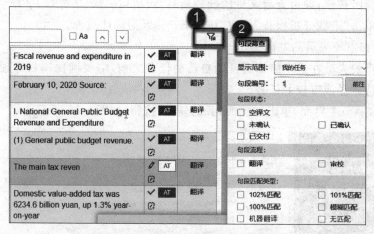

图 5-19　YiCAT 句段筛查功能界面

(2)查找与替换。译员需要批量修改某些内容,如需要更新译文中的某个术语的表达或是修改大小写等,可使用查找与替换功能,如图 5-20 所示。

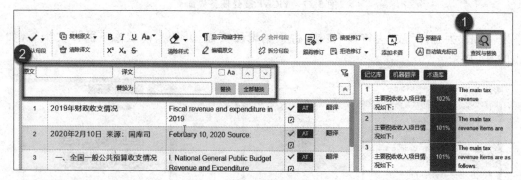

图 5-20　YiCAT 查找替换功能界面

(3)设置 QA 规则。如果译员希望减少拼写、大小写等低级错误,可以在编辑器中自行增设 QA 规则和严重级别。只需要单击编辑器功能栏中 QA 图标,在"设置 QA 规则"窗口中选择需要添加的规则,设置严重级别。YiCAT 会在译员确认句段后,自动检查是否有触发相应的 QA 规则,如图 5-21 所示。

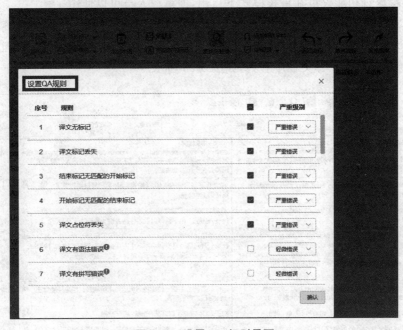

图 5-21　设置 QA 规则界面

（4）偏好设置。偏好设置允许译员设置自动填充、句段确认和 Tmxmall 插件等信息,提供多种选择,方便实际操作,如图 5-22 所示。

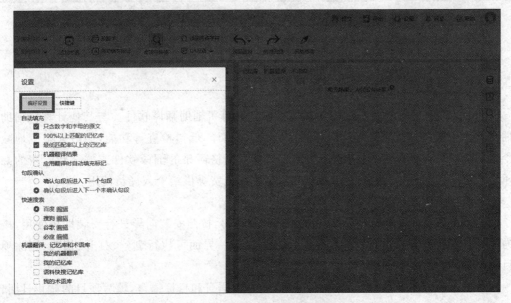

图 5-22　YiCAT 偏好设置界面

5）审校人员的高级操作

YiCAT 支持跟踪修订功能，让译文修改更加直观。如果项目流程是翻译和译后编辑，那么译员也可在编辑器中随时打开或关闭跟踪修订功能。如果项目流程是翻译和审校，那么跟踪修订功能仅可在审校模式下启用，即审校人员可以使用。

可在 YiCAT 编辑器的主功能菜单中启用跟踪修订。启用后，删除的内容会有删除线标记，新增的内容会有下划线标记。关闭后，YiCAT 将停止标记增删痕迹，但彩色的下划线和删除线仍然能在译文栏中看到，如图 5-23 所示。

图 5-23　YiCAT 跟踪修订功能界面

5.3.2　Transmate 单机版的使用

Transmate 单机版是一款简单易用的国产计算机辅助翻译软件。与其他计算机辅助翻译软件一样，它具有翻译记忆、自动排版、在线翻译、低错检查等功能，能最大限度地减少重复翻译工作量、确保译文的统一性。与其他价格高昂的翻译软件或按字数收费的翻译平台不一样的是，单机版 Transmate 承诺永久免费提供给个人译员使用。

1. 下载软件并创建项目

Transmate 单机版可登录其官方网站下载获得，按照安装向导进行安装即可使用，极为简便。安装完成后运行软件，显示主页面，在这一界面可执行创建、打开、修改、删除项目等操作，如图 5-24 所示。

单击"创建项目"按钮，输入项目名称，选择源语言和目标语言，填写项目的截止日期、客户、项目路径以及项目描述，单击"下一步"按钮，如图 5-25 所示。

完成项目创建后，可查看项目信息，如图 5-26 所示。

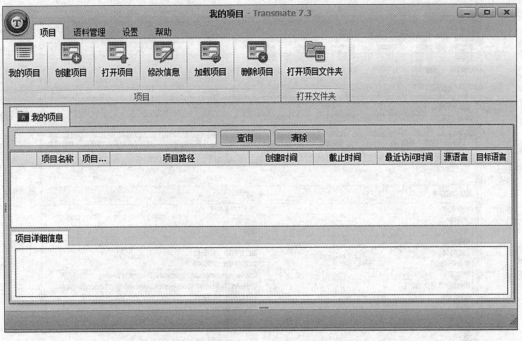

图 5-24　Transmate 主界面

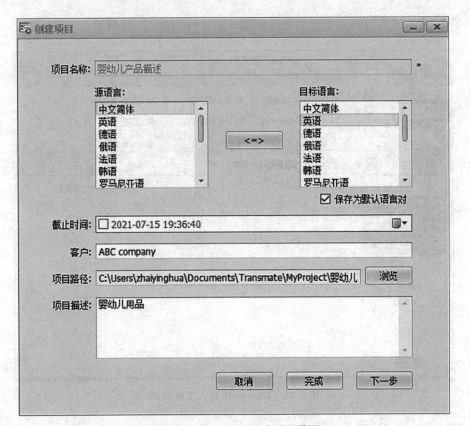

图 5-25　Transmate 创建项目界面

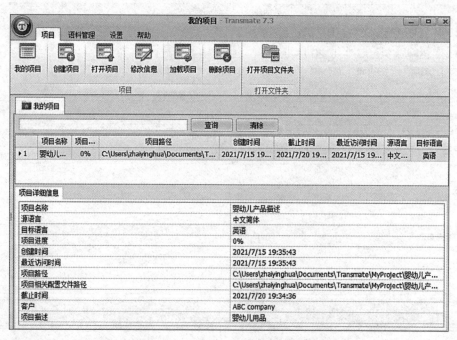

图 5-26　Transmate 查看项目信息界面

单击"导入文件"按钮，上传需要进行翻译的文件，如图 5-27 所示。

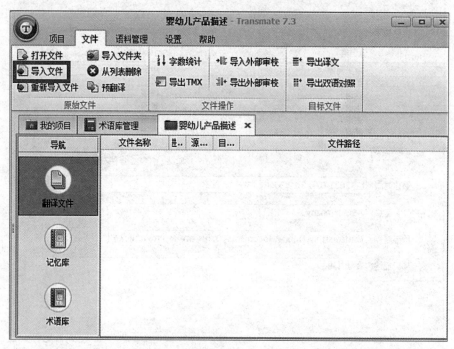

图 5-27　Transmate 导入文件界面

2. 进行语料管理

语料管理主要分为术语库管理、记忆库管理、双语对齐、术语萃取四个板块。

创建术语库的方法和创建项目一样，之后单击"术语萃取"按钮，系统会根据词语出现的频率提取术语，虽然不够全面，但是方便统一术语，并且译员可以根据自己的需求自行添加或删减，如图 5-28 所示。术语萃取后可导出结果，如图 5-29 所示。

图 5-28　Transmate 术语萃取界面

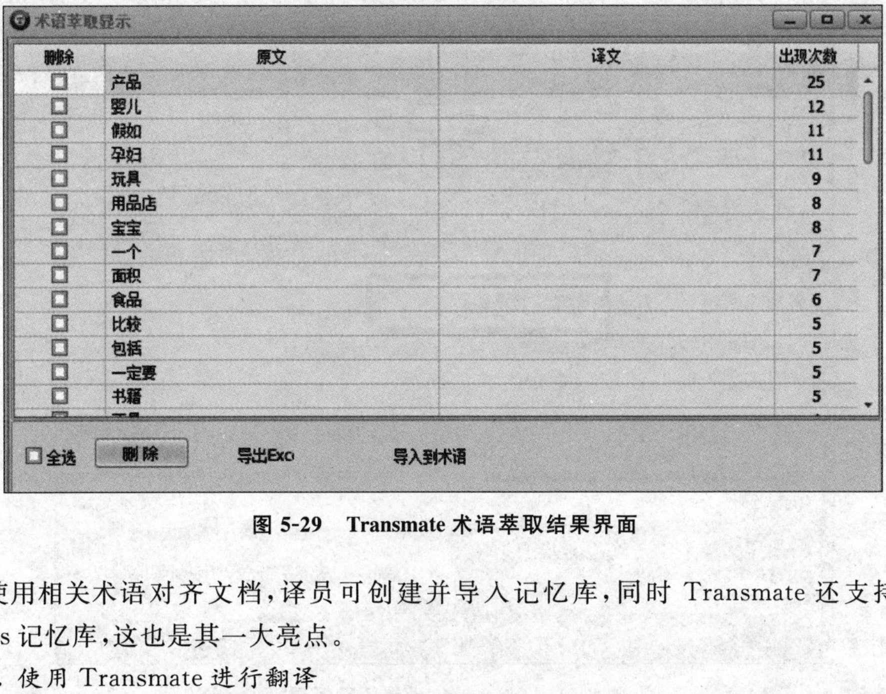

图 5-29　Transmate 术语萃取结果界面

使用相关术语对齐文档，译员可创建并导入记忆库，同时 Transmate 还支持导入 Trados 记忆库，这也是其一大亮点。

3. 使用 Transmate 进行翻译

完成项目创建和语料管理后，进入"设置"，对最低匹配率进行设定，当记忆库里的内

容和正在进行的项目达到所设置的匹配率时,记忆库的内容就会出现。通常最低匹配率可设置为 70%,如图 5-30 所示。

图 5-30　Transmate 最低匹配率设置界面

打开翻译项目,即可进入正式的翻译流程。为了提高效率,我们还可以使用机器翻译。Transmate 仅有两种机器翻译(有道翻译与百度翻译)可选,且需提供 API 码方可使用,如图 5-31 所示。如需使用机器翻译,可通过在百度或有道官网注册账户免费获取 API。

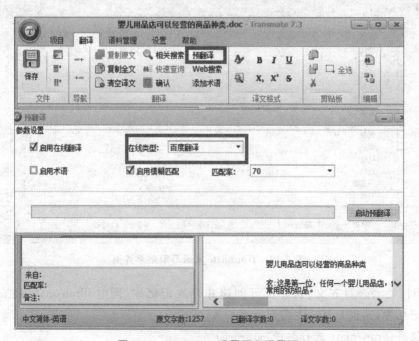

图 5-31　Transmate 设置预翻译界面

进入翻译界面后，Transmate 与 YiCAT 等翻译软件功能大同小异。如不使用自动预翻译，则需在译文区逐一输入自己的译文。完成一个句段翻译后，按 Ctrl＋Enter 组合键确认句段或单击翻译菜单中的"下一句"按钮，系统会将译文保存到记忆库中。需要修改已经翻译句段时，直接将鼠标移至该句段并单击，然后进行编辑，完成后按 Ctrl＋Enter 组合键进行确认，如图 5-32 所示。

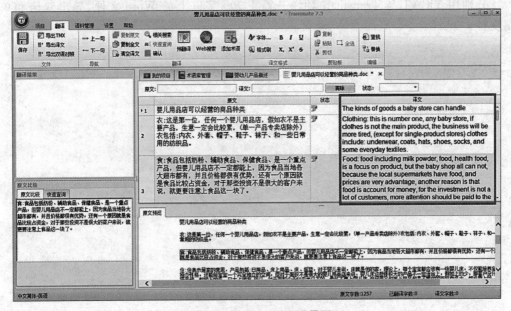

图 5-32　Transmate 翻译界面

译文完成后，可进行导出译文或导出双语对照译文等操作，如图 5-33 所示。

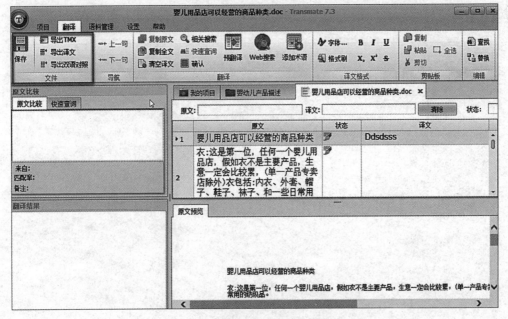

图 5-33　Transmate 导出译文界面

5.4 综合练习

分别用 YiCAT 与 Transmate 翻译一篇 1 000 字以上的 Word 文件,导出双语和单语文件。

语料库应用

6.1 本章导读

　　语料库(corpus)是储存海量文本的电子文本库,其中的文本经过了科学筛选和处理。借助多样化的分析工具,研究者可以通过语料库进行语言理论和应用方面的研究。语料库有着广阔的应用领域,包括文学研究、语言学研究、翻译研究、计算语言学、人工智能、翻译应用等。

　　近年来,翻译领域的语料库研究突飞猛进,主要借助平行、多语和可比语料库进行研究,主要研究内容包括语义特征、文本风格、语言习惯等。语料库研究为翻译课程和应用打下了良好的基础。本章将介绍如何在线检索语料库,以及如何制作与应用平行语料库。

　　在翻译时,译员经常会碰到陌生领域的文本、有特殊句式要求的文本、包含专业术语的文本等。不同领域的文本通常有其固定的格式、句式要求,参考特定领域的语料库能够快速掌握该领域文本的语言特点。同时,在特定领域的语料库中查询某一术语,可以判断该术语在该领域的应用频次以及应用场景。

　　法律与科技等应用型文本中经常包含着大量重复或相似的句式,并且这些文本的翻译通常对一致性有极高的要求。在 CAT 工具中导入平行语料库,即翻译记忆库,可以方便译员进行检索与配对,能够让同一文档中不同部分的同一信息保持一致。同时,翻译记忆库还可以让译员在表达同类内容时,能够保持文本结构、句式、用词或标点使用一致。

　　本章将介绍的实用技术包括以下内容。

（1）语料库相关概念。

（2）在线语料库资源,学习在线检索语料库的方法。

（3）自制双语平行语料库并应用。

6.2 基础知识

6.2.1 语料库的定义

语料库是一个大型的、结构化的文本集合,通常是电子形式的,可用于语言研究和语言处理,包括词汇、语法、语义等方面。文本集合包含书籍、报纸文章、期刊、网页内容、口语对话转录等。语料库可以是通用的、涵盖广泛的文本,也可以是专门的、集中于某种特定语言风格、主题或使用环境的文本。

6.2.2 语料库的分类

按照语言种类,语料库可分为单语语料库、双语语料库和多语语料库。按静态和动态,语料库可分为共时语料库和历时语料库。同时,本节也将简单介绍可比语料库。

1. 单语语料库

单语语料库(monolingual corpus)中仅包含一种语言的文本。相较于双语语料库,单语语料库在翻译研究中未引起足够的重视。但是,参考单语语料库更有助于验证母语语感,进行创造性翻译。利用单语语料库,可以查询词语搭配、验证词语用法、仿写母语句子、了解词语使用变化等。利用"site"语法搜索某个国家或地区使用某个词的用法就可以认为是一种单语语料库搜索。

2. 双语语料库

双语语料库又称平行语料库(parallel corpus)。双语语料库中包含两个单语语种的语料库,互为翻译。对两个语种的篇章、段落、句子进行整理和对齐就能得到双语语料库。翻译记忆库本质上就是双语语料库。

3. 多语语料库

多语语料库(multilingual corpus)与双语语料库相似,但是语料库中包含多个语种,且互为翻译。联合国多语语料库中就提供了包含六种联合国官方语言的语料库。

4. 共时语料库

共时语料库(synchronic corpus)是为了对一个给定时间点的语言资料进行研究而建立的语料库,不考虑其历史或发展。共时研究即共时平面中元素与元素之间的关系。

5. 历时语料库

历时语料库(diachronic corpus)与共时语料库相反,侧重于语言随时间的发展或演变,是对某一段时间、年代的语言资料进行研究而建立的语料库。因此,历时语料库通常包含跨越数十年甚至数百年的语言数据。共时语料库与历时语料库的差异可参见图 6-1。

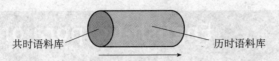

共时语料库　　　　　　　　历时语料库

图 6-1　共时语料库与历时语料库的区别

6. 可比语料库

可比语料库(comparable corpus)是一个或两个以上语种的相似文本的集合。可比语料库中的文本通常涉及同一主题,但文本不是彼此的翻译。可比语料库可以揭示语言的共性,以及某语种所特有的、语言类型的与文化上的差异。

6.2.3　语料库的应用

语料库的应用主要分为两个方面:一是语言学研究;二是翻译研究与应用。在语言学研究方面,语料库可用于研究语类分析、构式语法、二语习得、跨文化研究、语言测试等。在翻译研究与应用方面,语料库可用于匹配译文、优化机器翻译、验证母语直觉、验证术语准确性、发现合适的词语搭配等。

6.3　案例解析

6.3.1　检索语料库资源

目前网络资源非常丰富,我们只需简单检索便可以获取数不尽的语料资源。但是,语料库资源的质量参差不齐,我们需要学习如何对语料库进行有效检索。

1. BYU 语料库

BYU 语料库:https://www.english-corpora.org

美国杨百翰大学(Brigham Young University,BYU)的语料库系统由 Mark Davies 教授创建。目前,BYU 语料库系统中包含了 19 个免费语料库,在语料规模和范围、检索速度等方面均为同类之最。BYU 语料库系统中包含的语料库以地域、时间和文体三个维度进行分类。

BYU 语料库中的美国当代英语语料库(Corpus of Contemporary American English,COCA)、英语国家语料库(British National Corpus,BNC)、加拿大 Strathy 语料库(Strathy Corpus)分别包含了美国英语、英国英语和加拿大英语的语料库。其他比较著名的语料库包括美国历史英语语料库(Corpus of Historical American English,

COHA)、《时代》周刊语料库（Time Magazine Corpus）和 iWeb 语料库。

进入 BYU 官网后，单击语料库名称即可跳转到相应的语料库。语料库系统中所包含的语料库，检索方式一致，却又自成体系，如图 6-2 所示。

Corpus (online access)	Download	# words	Dialect	Time period	Genre(s)
iWeb: The Intelligent Web-based Corpus	⬇	14 billion	6 countries	2017	Web
News on the Web (NOW)	⬇	13.3 billion+	20 countries	2010-yesterday	Web: News
Global Web-Based English (GloWbE)	⬇	1.9 billion	20 countries	2012-13	Web (incl blogs)
Wikipedia Corpus	⬇	1.9 billion	(Various)	2014	Wikipedia
Coronavirus Corpus	⬇	1.15 billion+	20 countries	Jan 2020-yesterday	Web: News
Corpus of Contemporary American English (COCA)	⬇	1.0 billion	American	1990-2019	Balanced
Corpus of Historical American English (COHA)	⬇	475 million	American	1820-2019	Balanced
The TV Corpus	⬇	325 million	6 countries	1950-2018	TV shows
The Movie Corpus	⬇	200 million	6 countries	1930-2018	Movies
Corpus of American Soap Operas	⬇	100 million	American	2001-2012	TV shows
Hansard Corpus		1.6 billion	British	1803-2005	Parliament
Early English Books Online		755 million	British	1470s-1690s	(Various)
Corpus of US Supreme Court Opinions		130 million	American	1790s-present	Legal opinions
TIME Magazine Corpus		100 million	American	1923-2006	Magazine
British National Corpus (BNC) *		100 million	British	1980s-1993	Balanced
Strathy Corpus (Canada)		50 million	Canadian	1970s-2000s	Balanced
CORE Corpus		50 million	6 countries	2014	Web
From Google Books n-grams (compare)					
American English		155 billion	American	1500s-2000s	(Various)
British English		34 billion	British	1500s-2000	(Various)

图 6-2　BYU 语料库

注册 BYU 语料库账号后，该账号可以在整个 BYU 语料库系统的所有语料库中使用。选择网页上方工具栏中的 my account→Register/profile，即可注册语料库账号，如图 6-3 所示。非注册用户每天的查询数（queries）为 20 次，显示的上下文关键条目数（KWIC）为 2 000 个条目。注册的普通用户每天的查询数可以提升至 50 次，显示的上下文关键条目数也可以提升至 5 000 个条目。

填写个人信息，包括用户的名字（Name）、邮箱地址（Email address）、密码（Password）、国家（Country）、类别（Category），如图 6-4 所示。

图 6-3 注册账号

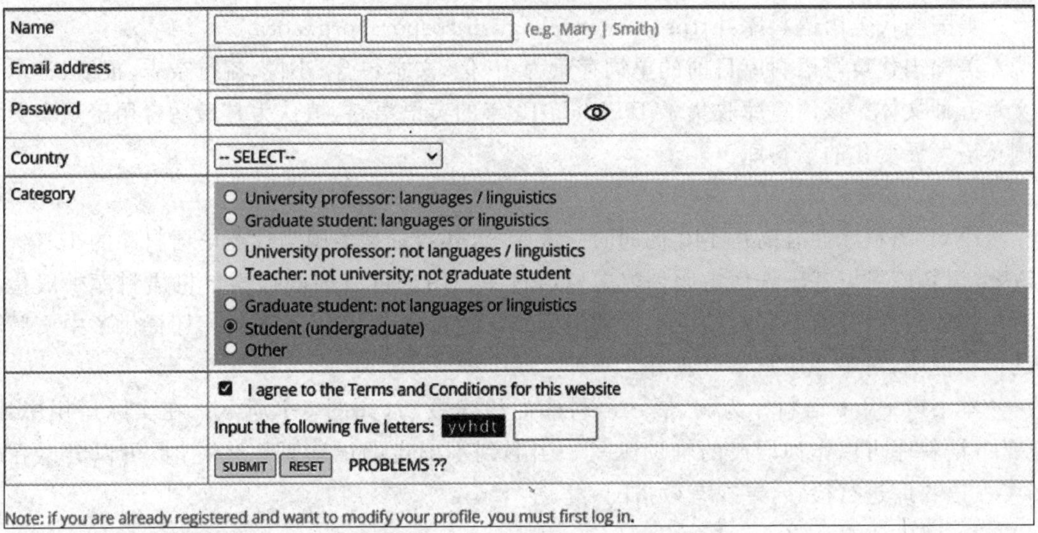

图 6-4 注册界面(1)

资料填写完成后,需要验证邮箱,也需要选择所在的大学,如图 6-5 所示。

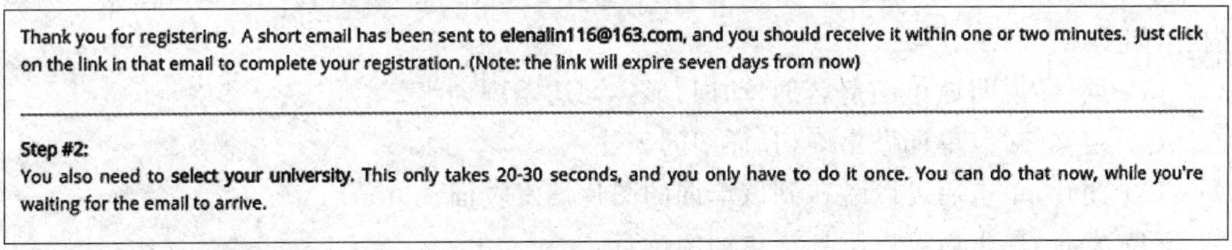

图 6-5 注册界面(2)

值得注意的是,BYU 语料库将用户分为四种类别,分别是未注册用户(Unregistered user)、非研究人员(Non-researcher)、普通研究人员(Semi-researcher)、语言方向的研究人员(Researcher)。用户每天的查询数以及显示的上下文关键条目数会由于类别的不同

而有所变化,如图 6-6 所示。

Level	Explanation	Queries per day	KWIC entries per day
3	**Researcher**	200	15,000
	Professor or graduate student at a university, in the field of language or linguistics		
2	**Semi-researcher**	100	10,000
	Professors who are *not* in languages or linguistics, and non-university language teachers		
1	**Non-researcher**	50	5,000
	Everyone else, including undergraduate students and all graduate students who are *not* in languages or linguistics		
0	Unregistered user	20	2,000

图 6-6 用户类别

账户注册完成后便可以对语料库进行检索。

2. 美国当代英语语料库

美国当代英语语料库:https://www.english-corpora.org/coca/

美国当代英语语料库目前的单词存量为 10 亿,文本包含、小说、流行杂志、报纸、学术文章五种文体。该语料库收集了 1990—2019 年的英语语料,被认为是最适合用于观察美国英语发展变化的语料库。

3. iWeb 语料库

iWeb 语料库拥有高达 140 亿词的巨大库容,其容量是美国当代英语语料库的 14 倍。iWeb 语料库可以基于任何主题创建虚拟语料库。用户可以如同检索单机语料库一般检索虚拟语料,并对不同虚拟语料库的检索结果进行比对。iWeb 语料库还提供了中文版的操作说明,对中文用户十分友好。

本书以 iWeb 语料库为例,展示语料库的检索技巧,如图 6-7 所示。在实际运用中,iWeb 语料库可以作为词典的辅助工具。当遇到不确定的语句词汇表达时,可以尝试在 iWeb 语料库进行检索,寻找有效搭配。

1)词典功能

在 Word 界面搜索想要查询的单词,以"overview"为例,如图 6-8 所示。

单击 See detailed info for word 按钮后,就能看到所查询单词的词条主页。主页上包含了该单词的词性、定义、图片、发音、视频、翻译、主题、搭配、词块、网站、索引行等一系列内容,如图 6-9 所示。

(1)词性:说明该单词是名词、动词、形容词还是副词等。

(2)定义:对该单词做出确切、详细的表述。

(3)图片:单击后可以跳转到该单词的图片搜索页面。

(4)发音:单击后可以听到该单词的读音。

(5)视频:单击后可以跳转到包含该单词的视频片段。

(6)翻译:单击后可以在下拉列表选择不同国家的语言。比如,选择 Chinese 后,会显示不同搜索引擎、线上语料库的链接,单击即可查询该单词简体中文的翻译,如图 6-10 所示。

(7)主题:显示与该单词关联度比较高的主题。单击主题中的任意单词可以跳转

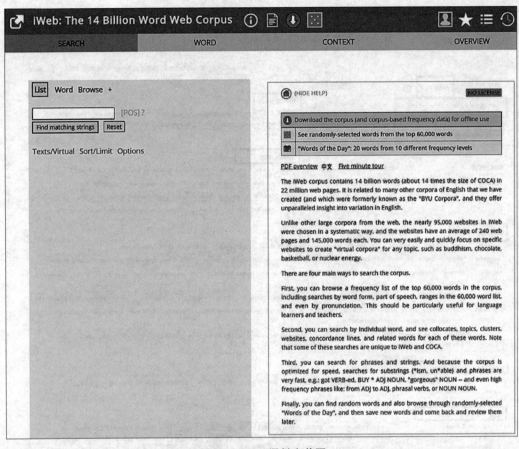

图 6-7　iWeb 语料库首页

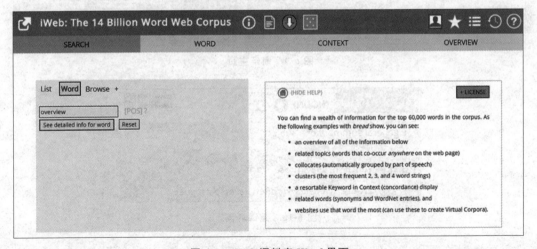

图 6-8　iWeb 语料库 Word 界面

到该单词的词条主页。通过查看主题中显示的单词,可以了解所查询的单词的常用语境。

　　(8)搭配:展示经常与该单词一起搭配的词汇。iWeb 语料库根据单词的词性,将

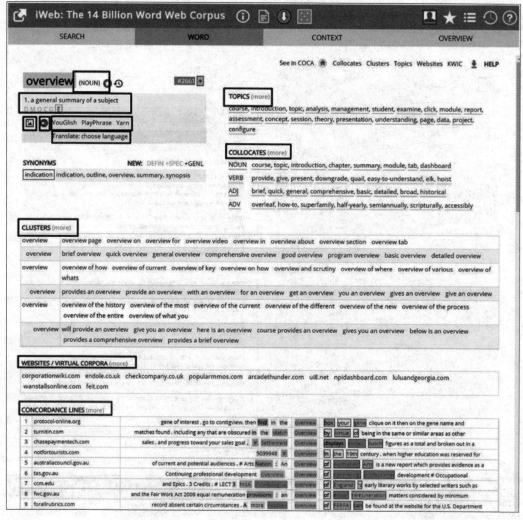

图 6-9　词条主页

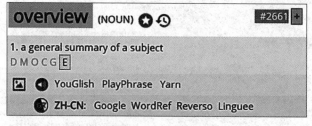

图 6-10　翻译界面

常见的搭配单词分成了四个类别，分别是名词、动词、形容词和副词。单击 more 按钮，可以看到 iWeb 语料库将这些单词按照搭配频率从高到低进行了排序，如图 6-11 所示。

　　单击搭配单词右方小笔记样式的按钮，将会跳转到索引行内容，也可以查看该内容的

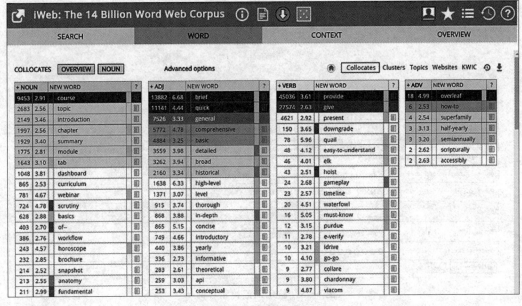

图 6-11　搭配频率排序

来源网站。单击网站则可以看到该网站的全部内容，如图 6-12 所示。

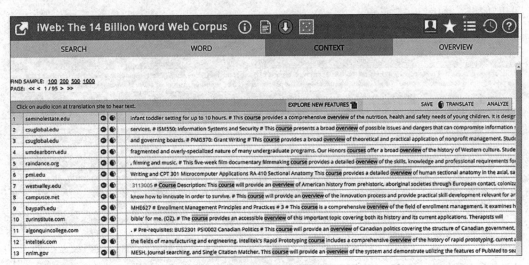

图 6-12　搭配单词索引行内容

（9）词块：根据搭配频率、词块位置和词块字数，显示了该词的高频搭配词块。

（10）网站：显示该单词高频出现的网站。

（11）索引行：用不同颜色标记了索引行语境中的检索词，可以观察词语的使用规律。

2）特定词汇检索

在 iWeb 语料库首页选择"BROWSEE/RANDOM"，即可跳转至特定词汇检索界面。该功能允许用户根据自己的需要检索一些特定的词汇，如图 6-13 所示。具体词汇类型如下。

实
用 翻译技术

	iWeb: The 14 Billion Word Web Corpus							
BROWSE/RANDOM		WORD		CONTEXT			OVERVIEW	

	HELP	Find random words

Click on any of the search types below for more information and examples. (more...)

Word form	
Meaning	+ ☑ DEFINITION ☐ SYNONYM ☐ SPECIFIC ☐ GENERAL

ⓘ You can now search for words by meaning. For example, words with the following words in the **definition**: sugar, molecul*, magic*. You can also add a second word [-] for the dictionary entry, e.g. herb OR herbs (herb* would include the perhaps unwanted *herbivore* as well), computer AND device, cloud* NOT network. You can also search by **synonym** (noun: festival, disaster; adjective: harsh, kind; verb: groan, laugh), find more **specific** words (noun: machine, toy; verb: cry, walk) or more **general** words (frisbee, tequila; shriek, sashay) (both for just nouns/verbs), or **combine** these (e.g. walk, scare, screen, crystal).

Part of speech	☑ NOUN ☑ VERB ☑ ADJ ☑ ADV ☑ OTHER ☐ ALL
Range	☐ - ☐
Pronunciation	Rhymes with ☐ Type EXACT
Syllables / stress	○○○○○○○○○ ✕

Show all words | Reset

图 6-13 特定词汇检索界面

(1) 子字符串。如果想要查找以"ism"结尾的单词,可以在"Word form"的文本框中输入"＊ism",检索结果显示的词语会以检索频率排序,并显示出词语的词性、发音、视频、图片和翻译,如图 6-14 所示。

	RANK	FREQ	Word	PoS	Audio	Video	Image	ZH-CN
1	2547	507719	mechanism	NOUN	🔊	▶	🖼	🌐
	1 . the atomic process that occurs during a chemical reaction 2 . technical aspects of doing something 3 . a natural object resembling a machine in structure and function 4 . device consisting of a piece of machinery 5 . the doctrine that all phenomena can be explained in terms of physical or biological causes							
2	3934	269533	criticism	NOUN	🔊	▶	🖼	🌐
	1 . disapproval expressed by pointing out faults or shortcomings 2 . a serious examination and judgment of something 3 . a written evaluation of a work of literature							
3	4283	236150	tourism	NOUN	🔊	▶	🖼	🌐
	1 . the business of providing services to tourists							
4	4939	191748	organism	NOUN	🔊	▶	🖼	🌐
	1 . a living thing that has (or can develop) the ability to act or function independently 2 . a system considered analogous in structure or function to a living body							
5	5570	156230	autism	NOUN	🔊	▶	🖼	🌐
	1 . (psychiatry) an abnormal absorption with the self							
6	5610	154304	terrorism	NOUN	🔊	▶	🖼	🌐
	1 . the systematic use of violence as a means to intimidate or coerce societies or governments							
7	5712	150510	journalism	NOUN	🔊	▶	🖼	🌐
	1 . newspapers and magazines collectively 2 . the profession of reporting or photographing or editing news stories for one of the media							
8	6005	137185	metabolism	NOUN	🔊	▶	🖼	🌐
	1 . the organic processes (in a cell or organism) that are necessary for life 2 . the marked and rapid transformation of a larva into an adult that occurs in some animals							
9	6661	114532	racism	NOUN	🔊	▶	🖼	🌐
	1 . discriminatory or abusive behavior towards members of another race 2 . the prejudice that members of one race are intrinsically superior to members of other races							
10	7621	89789	capitalism	NOUN	🔊	▶	🖼	🌐
	1 . an economic system based on private ownership of capital							

图 6-14 "＊ism"检索结果

如果想要搜索以"un"开头,以 able 结尾的词,可以在"Word form"的文本框中输入"un＊able",获得检索结果,如图 6-15 所示。

· 126 ·

RANK	FREQ	Word	PoS	Audio	Video	Image	ZH-CN
1	2113	642917	unable	ADJ	🔊	▶	🖼	🌐

1 . (usually followed by \`to\') not having the necessary means or skill or know-how 2 . ( usually followed by \`to\') lacking necessary physical or mental ability 3 . lacking in power or forcefulness

| 2 | 4650 | 208284 | uncomfortable | ADJ | 🔊 | ▶ | 🖼 | 🌐 |

1 . providing or experiencing physical discomfort 2 . conducive to or feeling mental discomfort

| 3 | 7611 | 89960 | unbelievable | ADJ | 🔊 | ▶ | 🖼 | 🌐 |

1 . beyond belief or understanding 2 . having a probability to low to inspire belief

| 4 | 7842 | 85143 | understandable | ADJ | 🔊 | ▶ | 🖼 | 🌐 |

1 . capable of being apprehended or understood 2 . capable of being understood or interpreted

| 5 | 7877 | 84373 | unavailable | ADJ | 🔊 | ▶ | 🖼 | 🌐 |

1 . not available or accessible or at hand

| 6 | 7884 | 84262 | unacceptable | ADJ | 🔊 | ▶ | 🖼 | 🌐 |

1 . not acceptable 2 . not adequate to give satisfaction 3 . (linguistics) not conforming to standard usage 4 . used of persons or their behavior

| 7 | 7916 | 83792 | unpredictable | ADJ | 🔊 | ▶ | 🖼 | 🌐 |

1 . impossible to foretell 2 . not occurring at expected times 3 . unknown in advance

| 8 | 8017 | 82252 | unforgettable | ADJ | 🔊 | ▶ | 🖼 | 🌐 |

1 . impossible to forget

| 9 | 8076 | 80939 | unstable | ADJ | 🔊 | ▶ | 🖼 | 🌐 |

1 . lacking stability or fixity or firmness 2 . subject to change 3 . affording no ease or reassurance 4 . highly or violently reactive 5 . disposed to psychological variability

| 10 | 9502 | 60241 | unreasonable | ADJ | 🔊 | ▶ | 🖼 | 🌐 |

1 . inconsistent with reason or logic or common sense 2 . beyond normal limits 3 . absurd and inappropriate 4 . not reasonable 5 . (informal terms) "gave me a cockamamie reason for not going"

图 6-15 "un∗able"检索结果

（2）按定义检索词汇。如果想要检索定义中含有"sugar"的单词，可以在"Meaning"的文本框中输入"sugar"，勾选"DEFINITION"，检索结果会以检索频率排序，显示定义中含有"sugar"的单词，如图 6-16 所示。

RANK	FREQ	Word	PoS	Audio	Video	Image	ZH-CN
1	1344	1108715	ice	NOUN	🔊	▶	🖼	🌐

1 . water frozen in the solid state 2 . the frozen part of a body of water 3 . a rink with a floor of ice for ice hockey or ice skating 4 . a frozen dessert with fruit flavoring (especially one containing no milk) 5 . a flavored [sugar] topping used to coat and decorate cakes

| 2 | 1535 | 952733 | sweet | ADJ | 🔊 | ▶ | 🖼 | 🌐 |

1 . having a pleasant taste (as of [sugar]) 2 . (used of wines) having a sweet taste 3 . in an affectionate or loving manner 4 . having a natural fragrance 5 . not having a salty taste

| 3 | 1573 | 925933 | sugar | NOUN | 🔊 | ▶ | 🖼 | 🌐 |

1 . a white crystalline carbohydrate used as a sweetener and preservative 2 . an essential structural component of living cells and source of energy for animals

| 4 | 2048 | 664644 | chocolate | NOUN | 🔊 | ▶ | 🖼 | 🌐 |

1 . made from baking chocolate or cocoa powder and milk and [sugar] 2 . a medium to dark brown color 3 . made from roasted ground cacao beans

| 5 | 2189 | 612480 | cake | NOUN | 🔊 | ▶ | 🖼 | 🌐 |

1 . a block of solid substance (such as soap or wax) 2 . made from or based on a mixture of flour and [sugar] and eggs 3 . small flat mass of chopped food

| 6 | 2205 | 607694 | proof | NOUN | 🔊 | ▶ | 🖼 | 🌐 |

1 . any factual evidence that helps to establish the truth of something 2 . (logic or mathematics) a formal series of statements showing that if one thing is true something else necessarily follows from it 3 . the act of validating 4 . a trial photographic print from a negative 5 . (printing) a trial impression made to check for errors

| 7 | 2821 | 442243 | preserve | VERB | 🔊 | ▶ | 🖼 | 🌐 |

1 . keep or maintain in unaltered condition 2 . to keep up and reserve for personal or special use 3 . keep in safety and protect from harm , decay , loss , or destruction 4 . prevent from rotting , as of foods 5 . keep undisturbed for personal or private use for hunting , shooting , or fishing

| 8 | 3210 | 361600 | arrow | NOUN | 🔊 | ▶ | 🖼 | 🌐 |

1 . a mark to indicate a direction or relation 2 . a projectile with a straight thin shaft and an arrowhead on one end and stabilizing vanes on the other

| 9 | 3638 | 302390 | candy | NOUN | 🔊 | ▶ | 🖼 | 🌐 |

1 . a rich sweet made of flavored [sugar] and often combined with fruit or nuts

| 10 | 5627 | 153883 | glucose | NOUN | 🔊 | ▶ | 🖼 | 🌐 |

1 . a monosaccharide [sugar] that has several forms

图 6-16 定义中含有"sugar"的单词

（3）按发音检索词汇。如果想要检索包含单词"play"的韵脚"ay"的单词，则需要在"Pronunciation"的文本框中输入"play"，获得检索结果，如图 6-17 所示。

	RANK	FREQ	Word		PoS	Audio	Video	Image	ZH-CN
1	29	45641236	they		PRON	🔊	▶	🖼	🌐
	1 . nominative plural of he , she , and it1 . 2 . people in general: They say he's rich 3 . (used with a singular indefinite pronoun or singular noun antecedent in place of the definite masculine *he* or the definite feminine *she*): Whoever is of voting age , whether they are interested in politics or not , should vote . A person may apply only if they are over 21 . They have be@1								
2	46	27626928	say		VERB	🔊	▶	🖼	🌐
	1 . express in words 2 . report or maintain 3 . express a supposition 4 . have or contain a certain wording or form 5 . state as one\'s opinion or judgement								
3	81	16406340	may		VERB	🔊	▶	🖼	🌐
	1 . expresses permission 2 . get to or be allowed to do something								
4	84	16138294	day		NOUN	🔊	▶	🖼	🌐
	1 . time for Earth to make a complete rotation on its axis 2 . some point or period in time 3 . the time after sunrise and before sunset while it is light outside 4 . a day assigned to a particular purpose or observance 5 . the recurring hours when you are not sleeping (especially those when you are working)								
5	85	15862797	way		NOUN	🔊	▶	🖼	🌐
	1 . a manner of performance 2 . how a result is obtained or an end is achieved 3 . a journey or passage 4 . the condition of things generally 5 . a course of conduct								
6	269	5157560	pay		VERB	🔊	▶	🖼	🌐
	1 . give money , usually in exchange for goods or services 2 . convey , as of a compliment , regards , attention , etc . 3 . do or give something to somebody in return 4 . bear (a cost or penalty) , in recompense for some action 5 . cancel or discharge a debt								
7	298	4651974	today		ADV	🔊	▶	🖼	🌐
	1 . in these times 2 . on this day as distinct from yesterday or tomorrow								
8	441	3327658	away		ADV	🔊	▶	🖼	🌐
	1 . from a particular thing or place or position 2 . from one\'s possession 3 . out of the way (especially away from one\'s thoughts) 4 . out of existence 5 . indicating continuing action								

图 6-17 韵脚为"ay"的单词检索结果

如果需要限定单词的音节和重音，可以选中"Syllables/stress"文本框中的圆点。例如，如果需要将音节限定为三个音节，需要按第三个圆点，此时前三个圆点都将变为绿色，如图 6-18 所示。

Pronunciation	Rhymes with play	Type EXACT
Syllables / stress	●●●○○○○○○○ ✖	

图 6-18 限定音节

如果需要进一步将重音限定在最后一个音节，需要再按一次第三个圆点，此时第三个圆点会变为红色。此时检索结果会发生变化，如图 6-19 所示。

进行发音检索时，上方的选项依旧有限定作用，因此在结果较少时，选择"Meaning"中的"DEFINITION"，将"Range"的起始范围设为"0"，将 Type 设置为"APROX"。

3）检索词组或搭配

iWeb 语料库兼容各式各样的检索方案，包括词、词块、字符串、词根、词性、同义词、定制词表等。本书将简单介绍一些常用的检索语法。

在 iWeb 语料库首页的"List"搜索框中可以输入以下检索语法。

（1）NOUN NOUN、ADJ NOUN、ADV NOUN。通过这几个语法，可以检索语料库中高频出现的名词与名词搭配、形容词与名词搭配、副词与名词搭配。以 ADJ NOUN 为例，在"List"的搜索框中输入"ADJ NOUN"，检索结果会以检索频率排序，显示高频出现的形容词与名词搭配，如图 6-20 所示。

（2）got VERB-ed。通过这个语法，可以检索"have"与以"ed"结尾的动词搭配词组，

	RANK	FREQ	Word	PoS	Audio	Video	Image	ZH-CN
1	3152	372034	DNA	NOUN	⏸	▶	🖼	🔊
1. a nucleic acid found in the nucleus of a cell and consisting of a polymer formed from nucleotides and shaped like a double helix								
2	6395	123507	underway	ADV	⏸	▶	🖼	🔊
1. currently in progress								
3	16170	20690	cabaret	NOUN	⏸	▶	🖼	🔊
1. a series of acts at a night club 2. a spot that is open late at night and that provides entertainment (as singers or dancers) as well as dancing and food and drink								
4	17127	18269	disobey	VERB	⏸	▶	🖼	🔊
1. refuse to go along with								
5	21910	10388	dossier	NOUN	⏸	▶	🖼	🔊
1. a collection of papers containing detailed information about a particular person or subject (usually a person\'s record)								
6	22056	10237	disarray	NOUN	⏸	▶	🖼	🔊
1. a mental state characterized by a lack of clear and orderly thought and behavior 2. untidiness (especially of clothing and appearance)								
7	23933	8386	cabernet	NOUN	⏸	▶	🖼	🔊
1. superior Bordeaux type of red wine from California								
8	25189	7365	underpay	VERB	⏸	▶	🖼	🔊
1. pay too little								
9	29229	5051	overstay	VERB	⏸	▶	🖼	🔊
1. stay too long								
10	38329	2258	underplay	VERB	⏸	▶	🖼	🔊

图 6-19　限定音节和重音的检索结果

ON CLICK:	📄 CONTEXT	🔊 TRANSLATE (ZH)	Ⓖ GOOGLE	🖼 IMAGE	🔊 PRON/VIDEO	📖 BOOK	(HELP)	
HELP	?	USE LARGE NGRAMS [?]		FREQ	TOTAL 188,854,304	UNIQUE 18,612 +		
1	☐	HIGH SCHOOL		1133322				
2	☐	SOCIAL MEDIA		944901				
3	☐	LONG TIME		581190				
4	☐	REAL ESTATE		578156				
5	☐	OTHER HAND		469738				
6	☐	OTHER PEOPLE		431631				
7	☐	HIGH QUALITY		403683				
8	☐	WIDE RANGE		391124				
9	☐	BEST WAY		382150				
10	☐	OTHER WORDS		372557				
11	☐	LITTLE BIT		369145				
12	☐	GOOD IDEA		344922				
13	☐	MENTAL HEALTH		332682				
14	☐	YOUNG PEOPLE		315419				
15	☐	GREAT WAY		313901				
16	☐	LONG TERM		296515				
17	☐	OTHER THINGS		287853				
18	☐	GOOD LUCK		286509				
19	☐	VICE PRESIDENT		283852				
20	☐	PERSONAL INFORMATION		273382				

图 6-20　ADJ NOUN 检索结果

如图 6-21 所示。

（3）buy ＊ ADJ NOUN。通过这个语法，可以检索"buy"和形容词与名词的搭配词组，并且中间隔了一个单词，如图 6-22 所示。

4. OPUS

OPUS（网址：https://opus.nlpl.eu/）是一个免费的开源多语种平行语料库，涵盖100 多种语言。该语料库涵盖的领域多种多样，从字幕翻译、新闻评述、TED 演讲到专利、技术手册都包含在内，如图 6-23 所示。

在 OPUS 下载语料库十分便捷，只需单击语料库资源，查看所选语言对是否包含在内，如图 6-24 所示。

单击所需语言对所对应的 view 键，简单查阅该语料库中语料的质量，如图 6-25 所示。

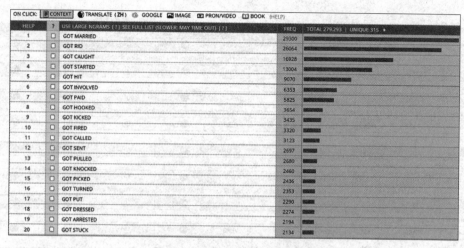

图 6-21　got VERB-ed 检索结果

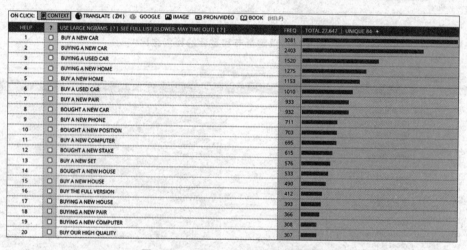

图 6-22　buy * ADJ NOUN 检索结果

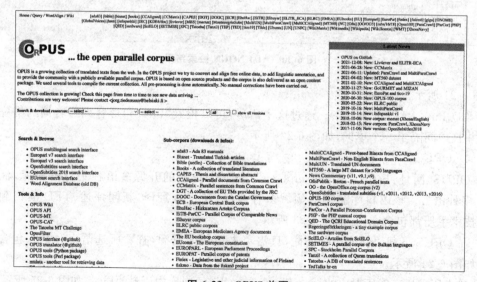

图 6-23　OPUS 首页

(src)="2"> PARIS – As the economic crisis deepens and widens , the world has been searching for historical analogies to help us understand what has been happening .
(src)="3"> At the start of the crisis , many people likened it to 1982 or 1973 , which was reassuring , because both dates refer to classical cyclical downturns .
(trg)="2"> 巴黎-随着经济危机不断加深和蔓延，整个世界一直在寻找历史上的类似事件希望有助于我们了解目前正在发生的情况。一开始，很多人把这次危机比作1982年或1973年所发生的情况，这样的类比是令人宽心的，因为这两段时间意味着典型的周期性衰退。

(src)="5"> The tendency is either excessive restraint (Europe) or a diffusion of the effort (the United States) .
(src)="6"> Europe is being cautious in the name of avoiding debt and defending the euro , whereas the US has moved on many fronts in order not to waste an ideal opportunity to implement badly needed structural reforms .
(trg)="3"> 如今人们的心情却是反复无常，许多人开始把这次危机与1929年和1931年相比，即使一些国家政府的表现仍然似乎把目前的情况视为是典型的而罕见的衰退。目前的趋势是，要么是过度的克制（欧洲），要么是努力的扩展（美国）。欧洲在避免债务和捍卫欧元的名义下正变得谨慎，而美国已经在许多方面行动起来，以利用这一理想的时机来实行急需的结构性改革。

(src)="8"> Of course , the fall of the house of Lehman Brothers has nothing to do with the fall of the Berlin Wall .
(src)="9"> Indeed , on the surface it seems to be its perfect antithesis : the collapse of a wall symbolizing oppression and artificial divisions versus the collapse of a seemingly indestructible and reassuring institution of financial capitalism .
(trg)="4"> 然而，作为地域战略学家，无论是从政治意义上还是从经济意义上，让我自然想到的是1989年。当然，雷曼兄弟公司的倒闭和柏林墙的倒塌没有任何关系。事实上，从表面上看，两者似乎是完全相反的：一个是象征着压抑和人为分裂的柏林墙的倒塌，而另一个是看似坚不可摧的并令人安心的金融资本主义机构的倒塌。

(src)="11"> The end of the East-West ideological divide and the end of absolute faith in markets are historical turning points .
(src)="12"> And what happens in 2009 may jeopardize some of the positive results of 1989 , including the peaceful reunification of Europe and the triumph of democratic principles over nationalist , if not xenophobic , tendencies .
(trg)="5"> 然而，和1989年一样，2008—2009年很可能也被视为一个划时代的改变，其带来的发人深省的后果将在几十年后仍能让我们感受得到。东西方意识形态鸿沟的结束，以及对市场绝对信心的后果，都是历史的转折点。而2009年所发生的事情可能会成就如1989年革命所带来的积极成果，包括欧洲的和平和一和民主制度战胜了民族主义倾向，如果不是恐外倾向的话。

(src)="13"> In 1989 , liberal democracy triumphed over the socialist ideology incarnated and promoted by the Soviet Bloc .
(src)="14"> For many of his supporters , it was President Ronald Reagan who , with his deliberate escalation of the arms race , pushed the Soviet economy to the brink , thereby fully demonstrating the superiority of liberal societies and free markets .
(trg)="6"> 1989年，自由民主战胜了由苏联集团具体化并推崇的社会主义意识形态。对于里根总统的许多的支持者来说，就是他精心策划的军备竞赛的升级，把苏联经济推向了崩溃的边缘，从而充分显示了自由社会和自由市场的优越性。

(src)="16"> First , and perhaps above all , the revolutions of 1989 and the subsequent collapse of the Soviet Union put an end to global bipolarity .
(src)="17"> By contrast , 2009 is likely to pave the way to a new form of bipolarity , but with China substituting for the Soviet Union .
(trg)="7"> 当然，现在的情况和1989年的情况明显不同了。首先，也许是最重要的，1989年的革命和随后的苏联解体结束了全球的两极化，与此相反，2009年很可能会为一种新的两极化形式铺平道路，只是中国取代了苏联。

(src)="18"> Second , whereas democracy and market capitalism appeared as clear – if more fragile than expected – winners in 1989 , it is difficult in 2009 , with the spread of the global crisis , to distinguish winners from losers .
(src)="19"> Everyone seems to be a loser , even if some are more affected than others .
(trg)="8"> 其二，民主制度和市场资本主义，或许要比预期的要脆弱些，看来确实是当时的赢家。而在2009年，随着全球危机的蔓延，却很难区分赢家和输家；每个人似乎都是输家，即使有些国家比其他国家受到的影响更大。

图 6-24　所选语料库首页

(src)="2"> PARIS – As the economic crisis deepens and widens , the world has been searching for historical analogies to help us understand what has been happening .
(src)="3"> At the start of the crisis , many people likened it to 1982 or 1973 , which was reassuring , because both dates refer to classical cyclical downturns .
(trg)="2"> 巴黎-随着经济危机不断加深和蔓延，整个世界一直在寻找历史上的类似事件希望有助于我们了解目前正在发生的情况。一开始，很多人把这次危机比作1982年或1973年所发生的情况，这样的类比是令人宽心的，因为这两段时间意味着典型的周期性衰退。

(src)="5"> The tendency is either excessive restraint (Europe) or a diffusion of the effort (the United States) .
(src)="6"> Europe is being cautious in the name of avoiding debt and defending the euro , whereas the US has moved on many fronts in order not to waste an ideal opportunity to implement badly needed structural reforms .
(trg)="3"> 如今人们的心情却是反复无常，许多人开始把这次危机与1929年和1931年相比，即使一些国家政府的表现仍然似乎把目前的情况视为是典型的而罕见的衰退。目前的趋势是，要么是过度的克制（欧洲），要么是努力的扩展（美国）。欧洲在避免债务和捍卫欧元的名义下正变得谨慎，而美国已经在许多方面行动起来，以利用这一理想的时机来实行急需的结构性改革。

(src)="8"> Of course , the fall of the house of Lehman Brothers has nothing to do with the fall of the Berlin Wall .
(src)="9"> Indeed , on the surface it seems to be its perfect antithesis : the collapse of a wall symbolizing oppression and artificial divisions versus the collapse of a seemingly indestructible and reassuring institution of financial capitalism .
(trg)="4"> 然而，作为地域战略学家，无论是从政治意义上还是从经济意义上，让我自然想到的是1989年。当然，雷曼兄弟公司的倒闭和柏林墙的倒塌没有任何关系。事实上，从表面上看，两者似乎是完全相反的：一个是象征着压抑和人为分裂的柏林墙的倒塌，而另一个是看似坚不可摧的并令人安心的金融资本主义机构的倒塌。

(src)="11"> The end of the East-West ideological divide and the end of absolute faith in markets are historical turning points .
(src)="12"> And what happens in 2009 may jeopardize some of the positive results of 1989 , including the peaceful reunification of Europe and the triumph of democratic principles over nationalist , if not xenophobic , tendencies .
(trg)="5"> 然而，和1989年一样，2008—2009年很可能也被视为一个划时代的改变，其带来的发人深省的后果将在几十年后仍能让我们感受得到。东西方意识形态鸿沟的结束，以及对市场绝对信心的后果，都是历史的转折点。而2009年所发生的事情可能会成就如1989年革命所带来的积极成果，包括欧洲的和平和一和民主制度战胜了民族主义倾向，如果不是恐外倾向的话。

(src)="13"> In 1989 , liberal democracy triumphed over the socialist ideology incarnated and promoted by the Soviet Bloc .
(src)="14"> For many of his supporters , it was President Ronald Reagan who , with his deliberate escalation of the arms race , pushed the Soviet economy to the brink , thereby fully demonstrating the superiority of liberal societies and free markets .
(trg)="6"> 1989年，自由民主战胜了由苏联集团具体化并推崇的社会主义意识形态。对于里根总统的许多的支持者来说，就是他精心策划的军备竞赛的升级，把苏联经济推向了崩溃的边缘，从而充分显示了自由社会和自由市场的优越性。

(src)="16"> First , and perhaps above all , the revolutions of 1989 and the subsequent collapse of the Soviet Union put an end to global bipolarity .
(src)="17"> By contrast , 2009 is likely to pave the way to a new form of bipolarity , but with China substituting for the Soviet Union .
(trg)="7"> 当然，现在的情况和1989年的情况明显不同了。首先，也许是最重要的，1989年的革命和随后的苏联解体结束了全球的两极化，与此相反，2009年很可能会为一种新的两极化形式铺平道路，只是中国取代了苏联。

(src)="18"> Second , whereas democracy and market capitalism appeared as clear – if more fragile than expected – winners in 1989 , it is difficult in 2009 , with the spread of the global crisis , to distinguish winners from losers .
(src)="19"> Everyone seems to be a loser , even if some are more affected than others .
(trg)="8"> 其二，民主制度和市场资本主义，或许要比预期的要脆弱些，看来确实是当时的赢家。而在2009年，随着全球危机的蔓延，却很难区分赢家和输家；每个人似乎都是输家，即使有些国家比其他国家受到的影响更大。

图 6-25　查阅语料库

确认语料质量后，返回语料库界面，向下滑动并找到下载列表。列表对应的语料库文件是 TMX 格式，所以选择 en-zh 语言对，单击即可下载，如图 6-26 所示。

Statistics and TMX/Moses Downloads

Number of files, tokens, and sentences per language (including non-parallel ones if they exist)
Number of sentence alignment units per language pair

Upper-right triangle: download translation memory files (TMX)
Bottom-left triangle: download plain text files (MOSES/GIZA++)
Language ID's, first row: monolingual plain text files (tokenized)
Language ID's, first column: monolingual plain text files (untokenized)

language	files	tokens	sentences	ar	cs	de	en	es	fr	hi	id	it	ja	kk	nl	pt	ru	zh
ar	12,341	12.2M	0.2M		56.0k	74.5k	90.2k	84.6k	75.2k			19.4k	0.6k		10.3k	12.6k	29.4k	71.3k
cs	6,503	6.1M	0.3M	60.2k		0.2M	0.9k	0.2M	0.2M	2.3k	15.5k	53.8k	0.7k	4.8k	41.2k	41.3k	0.2M	62.6k
de	9,259	9.2M	0.4M	80.2k			0.3M	0.2M	0.2M	2.3k	17.4k	72.5k	0.6k	7.5k	0.1k	46.3k	0.2M	87.2k
en	13,560	13.4M	0.5M	97.4k	0.2M	0.3M		47.6k	0.2M	2.6k	17.6k	78.5k	0.6k	9.6k	57.1k	53.1k	0.3M	0.1M
es	10,680	11.7M	0.4M	91.2k	0.2M	0.3M	49.1k			0.2M	2.6k	17.3k	73.7k	0.7k	7.7k	54.7k	51.7k	0.9k	0.1M
fr	9,483	11.2M	0.4M	81.4k	0.2M	0.3M	0.2M	0.2M			2.3k	17.3k	71.5k	0.6k	5.5k	52.3k	70.4k	0.2M	89.0k
hi	201	0.3M	2.8k		2.5k	2.5k	2.8k	2.7k	2.5k			0.7k	2.1k			1.8k	1.4k	2.4k	2.6k
id	806	0.8M	33.2k		16.0k	17.8k	18.1k	17.8k	17.8k	0.7k		11.0k		1.3k	14.2k	10.5k	18.4k	6.7k
it	2,471	2.8M	99.0k	20.8k	55.5k	74.9k	80.7k	76.1k	74.1k	2.3k	11.3k			2.7k	34.1k	28.2k	55.3k	26.4k
ja	76	23.3k	1.1k	0.6k	0.7k	0.7k	0.7k	0.7k	0.6k			2.7k				19	0.6k	0.6k
kk	412	0.4M	18.2k		4.9k	7.7k	9.9k	7.9k	5.7k		1.4k	2.7k			2.6k	2.1k	9.2k	3.3k
nl	2,156	2.4M	90.1k	11.1k	42.3k	53.5k	58.7k	56.2k	53.8k	1.9k	14.6k	35.0k		2.7k		27.5k	50.5k	20.3k
pt	1,478	1.6M	58.1k	13.5k	34.8k	43.6k	54.6k	48.1k	48.9k	1.5k	10.8k	24.6k	19	2.2k	28.3k		39.6k	19.4k
ru	8,294	7.9M	0.3M	31.7k	0.2M	0.3M	0.3M			18.9k	56.8k	0.7k	9.4k	51.8k	40.6k		79.1k
zh	11,487	3.0M	0.2M	77.7k	68.0k	94.8k	0.1M	0.1M	97.1k	2.8k	7.2k	28.5k	0.6k	3.6k	21.7k	20.8k	85.9k	

图 6-26　语料库下载界面

5. Linguee

Linguee(网址：https://www.linguee.com/)是一个大型的、多语对应的在线语料库，集字典和搜索引擎为一体，其内容来源于互联网，通过爬虫方式获取，可以认为是一种集成的搜索引擎，如图 6-27 所示。

图 6-27　Linguee 首页

在检索框中输入需要检索的单词或词汇，检索结果的上半部分是该单词的中文或英文翻译、词性、发音以及常见搭配，检索结果的下半部分则包含该单词的文本句段、该句段相应的翻译以及该句段的来源网址。以"语言"为例，在检索框中输入"语言"，检索结果如图 6-28 和图 6-29 所示。

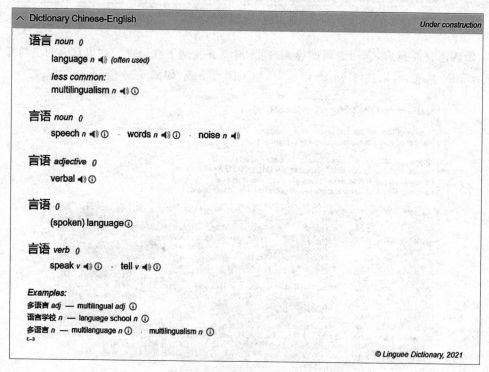

图 6-28　检索结果的上半部分

⌃ External sources (not reviewed)

尽管它们似乎并没有明确或连贯的 意识形态或政治动机，但是它们有时使用准军事集团的 语言和一套装备，并承袭了准军事集团的运作方式。 ⮑ daccess-ods.un.org	[...] ideology or political motivation, they sometimes use the language and paraphernalia of paramilitary groups and their modus operandi. ⮑ daccess-ods.un.org
教育应该 休恤顾及儿童的文化、语言和传统。 ⮑ daccess-ods.un.org	Education should be sensitive to the culture, language and traditions of the child. ⮑ daccess-ods.un.org
[...] 对话，邀请教科文组织教席担任者参与对话活动；两个地区的实习记者和资深新闻工作者的 对话；举行菁年论坛；重新启动文学作品翻译委员会，增加用欧洲语言 翻译的阿拉伯作品；学校教科书的比较研究；文化产业专业人士的对话；举办跨地区会议，探讨欧洲历史教科书中阿拉伯伊斯兰文化的形象。 ⮑ unesdoc.unesco.org	[...] increase in the translation of Arabic works into European languages; a comparative study of school textbooks; dialogue involving [...] ⮑ unesdoc.unesco.org
主要挑战包括处理大量数据和提高接收的数据质量，确保传播数据的时间性和完整 性，克服语言障碍，并使各国专利库数量达到最高程度。 ⮑ wipo.int	[...] and completeness of the disseminated data, overcoming linguistic barriers and maximizing the number of national collections. ⮑ wipo.int
示范战略和实际措施》端订本认识到有些特殊的妇女群体特别容易遭受暴力行为，无论是由于其国籍、族裔、宗教 和语言，还是由于其屈于土著群体、移民、无国籍人、难民、居住在不发达、农村或边远社区、无家可归、被机构安置或拘留、身有残疾、是老年妇女、寡妇或生活在冲突、冲突后和灾害局势中，因 [...] ⮑ daccess-ods.un.org	[...] either because of their nationality, ethnicity, religion or language, or because they belong to an indigenous group, are migrants, [...] ⮑ daccess-ods.un.org
食典委支持主席的结论，解决参会的主要办法是加强信托基金，重视粮农组织和 世卫组织加强发展中国家的能力建设的活动，包括区域性研讨会和 STDF 项目；鼓励联 合主持法典会议；通过区域内的合作和经验交流，特别是在联络点之间互相指导；南 - 南合作；以及官方语言文件的及时分发。 ⮑ codexalimentarius.org	[...] especially between Codex Contact Points; South-South cooperation; and timely distribution of documents in the official languages. ⮑ codexalimentarius.org

图 6-29　检索结果的下半部分

Linguee 的检索方式比较简便，只需要输入相应的单词或词组便可以得到检索结果。但是 Linguee 也有一些缺点，如语料库容量不够高，在检索比较生僻或者专业的术语时，语料库可能会检索不出结果；相似或相同的语料可能会重复出现在前几页，冗余信息对用户造成干扰；有些语料在对齐时无法做到词汇或短语级对齐，即对应的翻译句段可能并不包含检索单词或词组的翻译。

6.3.2　Transmate 语料库制作与应用

在计算机辅助翻译中所说的翻译记忆库就是双语平行语料库。制作属于自己的翻译记忆库有助于积累语料库素材，提高翻译速度与质量。要扩充自己的翻译记忆库，常见的方法有购买语料库、收集免费的语料库资源、对齐并导入高质量的双语平行文本、导入自己翻译并确认的句对。

在第 2 章中，我们已经学习了文本的处理方法，本章将使用 Transmate 对齐处理后的双语文本。假设译员需要翻译某公司的一份中文隐私声明，然而此前并没有翻译过隐私声明，不熟悉这类文本。此时，译员可以搜集一些与隐私声明相关的文本，制作并导入双语平行语料库。这样在使用机辅软件进行翻译时，如果遇到匹配度高的句对，软件就会展示这些句对，方便译者参考。

1. 创建翻译记忆库

运行 Transmate，选择"语料管理"→"记忆库管理"→"新建"选项，如图 6-30 所示。

单击"新建"按钮后，会出现"创建记忆库"窗口，供创建记忆库。将该记忆库命名为"隐私声明"，存储路径可以选择一个专门用于存储翻译记忆库的文件夹，如图 6-31 所示。

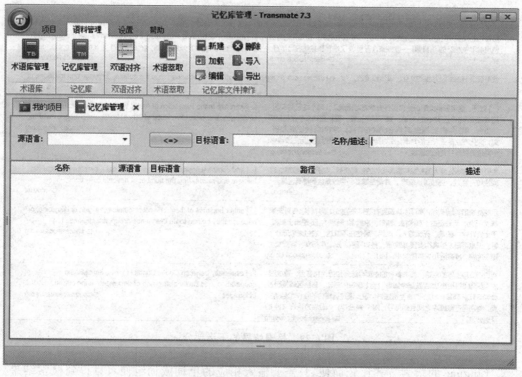

图 6-30 "记忆库管理"界面

图 6-31 "创建记忆库"窗口

  单击"确定"按钮后便可以成功创建记忆库。此时,"记忆库管理"界面便出现了名为"隐私声明"的记忆库,如图 6-32 所示。

  2. 对齐双语文本

  我们可以从网上收集一些公司的隐私声明文本,用于制作双语平行语料库。以下的文本是经过处理的 Microsoft 隐私声明双语对照文本。将这两段文本分别储存到两个不同的文档,分别命名为 Zh. txt 和 En. txt,如表 6-1 所示。

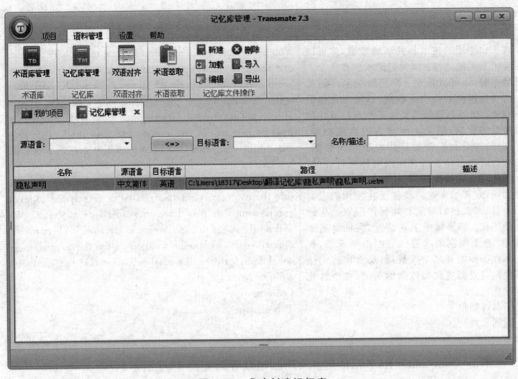

图 6-32　成功创建记忆库

表 6-1　Microsoft 隐私声明双语对照文本

中 文	英 文
我们收集的个人数据 Microsoft 会收集你向我们提供的数据、你与 Microsoft 之间的互动数据以及产品使用数据。部分数据由你直接提供，其他数据则由我们通过你与产品的交互以及对产品的使用和体验收集而来。我们收集的数据取决于你与 Microsoft 互动的环境、你所做的选择，包括你的隐私设置以及你所使用的产品和功能。我们还从第三方获取有关你的数据。 如果你代表的是利用 Microsoft 企业和开发人员产品的组织，如企业或学校，请参阅本隐私声明的企业和开发人员产品部分，以了解我们处理你的数据的方式。如果你是 Microsoft 产品或组织提供的 Microsoft 账户的终端用户，请参阅本由组织提供的产品 Microsoft 账户部分，以了解更多信息。	Personal data we collect Microsoft collects data from you, through our interactions with you and through our products. You provide some of this data directly, and we get some of it by collecting data about your interactions, use, and experiences with our products. The data we collect depends on the context of your interactions with Microsoft and the choices you make, including your privacy settings and the products and features you use. We also obtain data about you from third parties. If you represent an organisation, such as a business or school, that utilises Enterprise and Developer Products from Microsoft, please see the Enterprise and developer products section of this privacy statement to learn how we process your data. If you are an end user of a Microsoft product or a Microsoft account provided by your organisation, please see the Products provided by your organisation and the Microsoft account sections for more information.

中　文	英　文
对于你使用的技术和共享的数据，你可以做出不同的选择。当我们请求你提供个人数据时，你可以拒绝。我们的很多产品都需要你提供某些个人数据，以便向你提供服务。如果你选择不提供某个产品或功能所需的数据，则无法使用该产品或功能。同样，如果我们需要依法收集个人数据，或者需要与你签订合同或对你履行合同，但你没有提供数据，那么我们将无法签订合同；或者如果这涉及你正在使用的现有产品，那么我们可能必须暂停或取消你的使用权。如果属于上述情况，我们将通知你。在不强制要求提供数据的情况下，如果你选择不共享个人数据，那么你将无法使用需要提供此类数据的功能（如个性化功能）。 了解详细信息 返回页首	You have choices when it comes to the technology you use and the data you share. When we ask you to provide personal data, you can decline. Many of our products require some personal data to provide you with a service. If you choose not to provide data required to provide you with a product or feature, you cannot use that product or feature. Likewise, where we need to collect personal data by law or to enter into or carry out a contract with you, and you do not provide the data, we will not be able to enter into the contract; or if this relates to an existing product you're using, we may have to suspend or cancel it. We will notify you if this is the case at the time. Where providing the data is optional, and you choose not to share personal data, features like personalisation that use such data will not work for you. Learn more Top of page

单击 Transmate 上的"双语对齐"按钮，出现界面如图 6-33 所示。

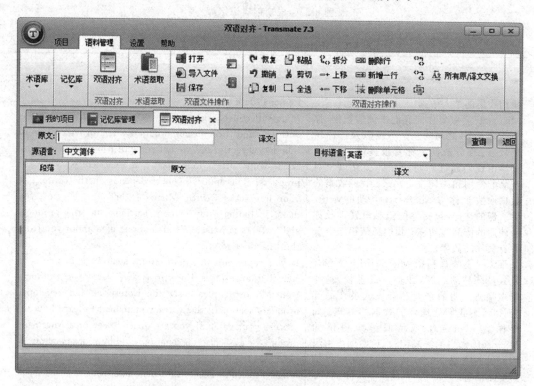

图 6-33　"双语对齐"界面

单击"导入文件"按钮，在文件类型的选项框中选择"单语双文件"，原文路径选择

Zh.txt,译文路径选择 En.txt,如图 6-34 所示。

图 6-34 "导入文件"弹窗

单击"确定"按钮后显示双语对齐结果,如图 6-35 所示。由于这是机器自动对齐,所以可能存在对齐不准确的情况,此时可以手动进行修改。在文本框中就可以直接编辑文本。

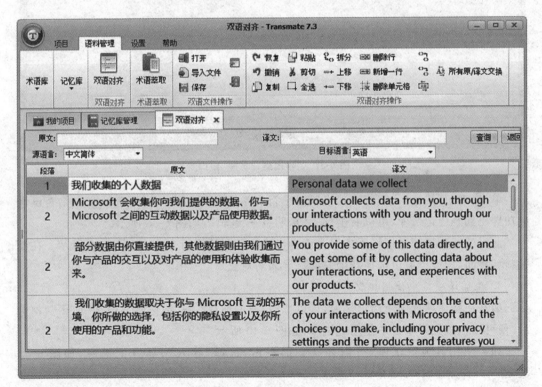

图 6-35 双语对齐结果

对齐完成后,可以选择"导出到 TMX",也可以选择"导出到记忆库",如图 6-36 所示。其中,TMX 文件是记忆库文件,文件尾缀为".tmx"。通常我们在网络上获取的双语平行语料库资源文件都是 TMX 文件。TMX 文件可以导入不同计算机辅助软件中的翻译记忆库,因此一般可以先导出 TMX 文件作为备份。

图 6-36　导出文件

　　由于此前已经在 Transmate 上创建了翻译记忆库，也可以将对齐的双语文本导出到记忆库。此时会弹出"导出到记忆库"窗口，可以选择导出到哪个记忆库，也可以新建一个语料库，如图 6-37 所示。

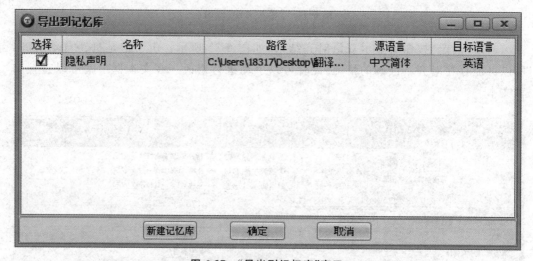

图 6-37　"导出到记忆库"窗口

　　单击"确定"按钮后，就能成功将双语平行文本导入记忆库。为了确认文本是否已经成功导出到翻译记忆库，可以右击"隐私声明"→"编辑"，如图 6-38 所示。

　　此时就能看到翻译记忆库中保存着导出成功的双语平行文本，如图 6-39 所示。在此"编辑"界面，译员也可以选择新增、删除、导入句对。

　　3. 在翻译项目中使用记忆库

　　如需在翻译项目中使用记忆库，可以选择"我的项目"→"记忆库"，勾选"使用"，勾选后，便可以在该翻译项目中使用记忆库，如图 6-40 所示。

　　如需使用其他记忆库，可以在此页面右击，选择"导入"，导入记忆库，如图 6-41 所示。

　　在文件的翻译页面，当文件原文与记忆库中的句子完全匹配时，"翻译结果"窗口会出现记忆库中的内容。此时完全匹配的译文会自动出现在译文文本框，如图 6-42 所示。

　　当文件原文与记忆库中的句子仅为部分匹配时，翻译结果会出现记忆库中的内容。并且原文比较的文本框会显示记忆库中的内容与原文的不同之处，如图 6-43 所示。

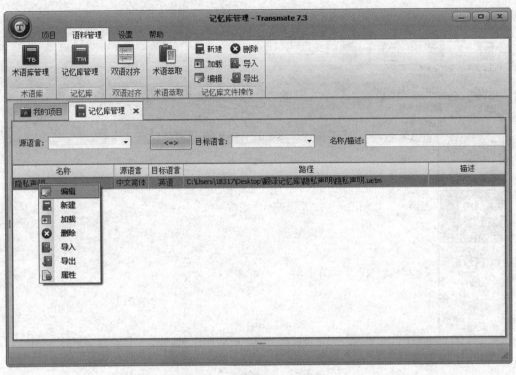

图 6-38　编辑"隐私声明"记忆库

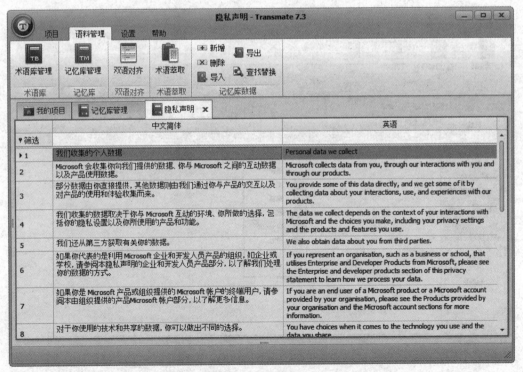

图 6-39　"编辑"界面

实
用
翻译技术

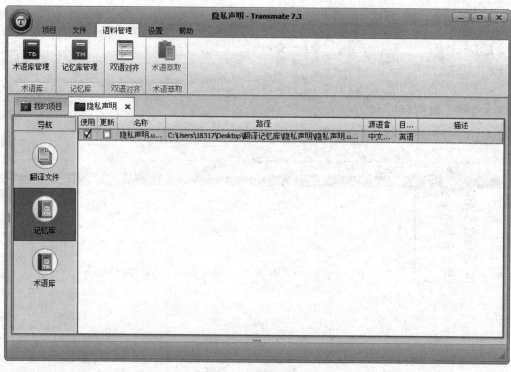

图 6-40 勾选"使用"

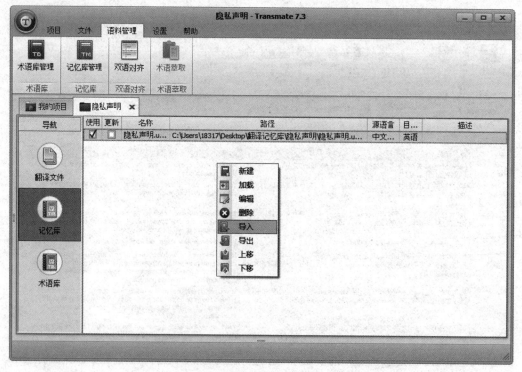

图 6-41 导入记忆库

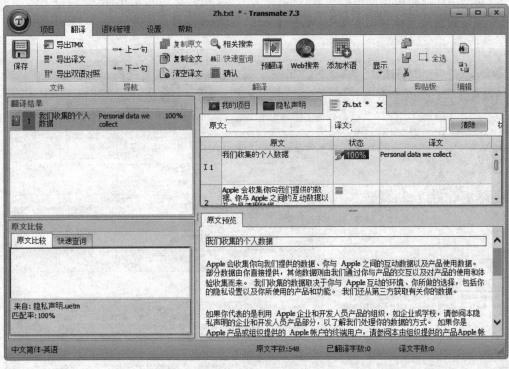

图 6-42　记忆库完全匹配

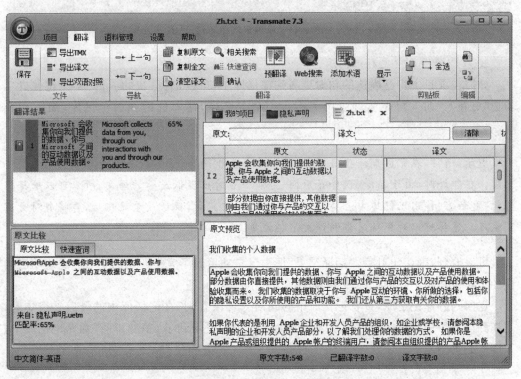

图 6-43　记忆库部分匹配

如果选择应用记忆库中的句对，可以按 Ctrl＋1 组合键应用记忆库句对，将记忆库中的内容复制粘贴到译文文本框中，再进行修改，如图 6-44 所示。

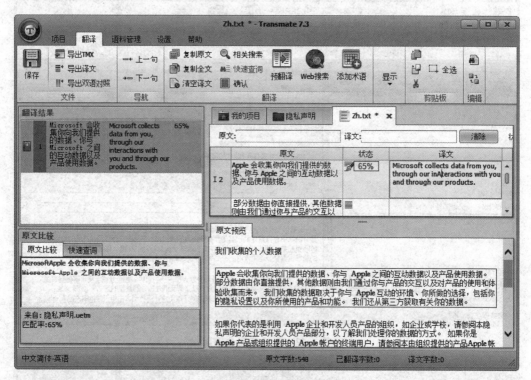

图 6-44　应用记忆库句对

4．在翻译项目中更新记忆库

如需在项目中将已确认的句对更新到记忆库中，可以选择"我的项目"→"记忆库"，勾选"更新"。如果翻译项目应用了不止一个记忆库，需勾选适当的记忆库，如图 6-45 所示。

提示：通常，在完成翻译项目时，译员会准备至少两个记忆库，一个主库和一个备用记忆库。在翻译时，由于漏译、误译等原因，可能会暂时出现低质量的译文，所以可以选择将句对"更新"到备用记忆库中。待译文已经编辑审校完成，确认质量无忧后，再将句对更新到主库。这样可以避免低质量的译文污染主库。

可以看到，确认句对后，"翻译结果"框中已自动更新了完全匹配的句对。这表明已确认的句对更新到了翻译记忆库中，如图 6-46 所示。

返回到翻译记忆库，查看记忆库中的句对。可以看到，在记忆库中的最后一个句对，是在翻译项目中确认的句对。这表明已确认的句对更新到了"隐私声明"翻译记忆库中，如图 6-47 所示。

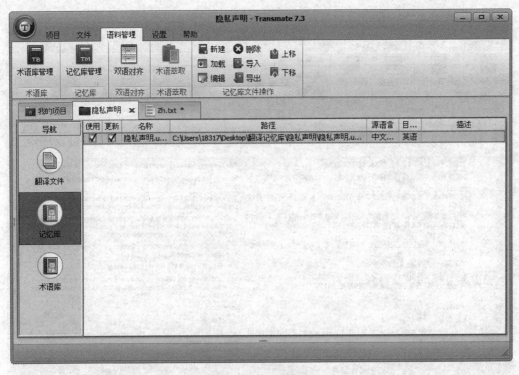

图 6-45 选择"更新"

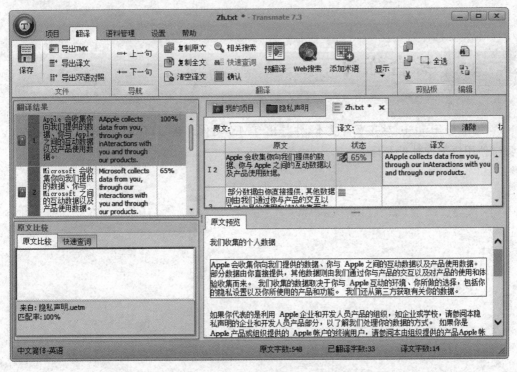

图 6-46 "翻译结果"框中的句对更新

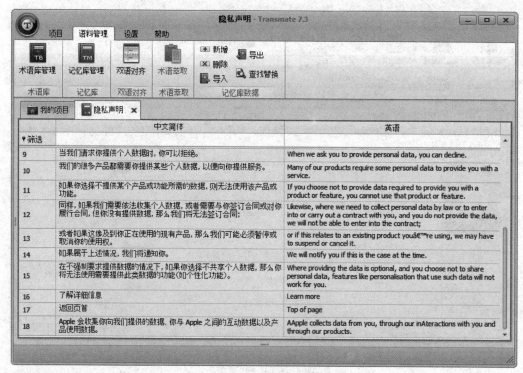

图 6-47　句对已更新到"隐私声明"记忆库

6.4　综合练习

使用 Transmate 对齐平行文本，并导出 TMX 文件。将 TMX 文件导入 Transmate，尝试使用语料库辅助翻译。

术语库应用

7.1 本章导读

在上一章中,我们深入探讨了语料库在翻译工作中的应用,为我们提升翻译技能提供了有力的工具。在本章中,我们将进一步探讨翻译技术中的另一个不可或缺的元素——术语库(TermBase,TB)。在计算机辅助翻译的过程中,术语库充当的角色就像是一本专业词典,是翻译工具箱中的重要工具。

对译员而言,在进行翻译工作时,遵循各个国家、组织或企业的术语标准不仅有助于确保翻译的准确性,还有助于提高本地化的质量。不同领域、不同类型的文本可能有不同的专业词汇、协议用语、专有名词、缩略语等。一些国家、非政府机构、跨国企业都致力于建立特定行业的术语标准,如金融、货运、汽车等。国际主要的术语组织包括国际标准化组织(ISO)、国际电工委员会(IEC)、国际术语信息中心(INFOTERM)等。在进行翻译时,译员应遵循各个国家、组织、企业的术语标准对术语进行核实。通过使用标准术语,译员可以有效地传达信息,确保翻译在目标受众中的可理解性和可接受性。

译员在翻译时,CAT工具能够智能识别原文中的专业术语,并在工具栏中展示出这些术语及其对应的翻译。这个简单的功能极大地节省了译员查询和验证术语的时间,让他们能更专注地将准确的翻译嵌入译文中。因此,术语库的检索、创建与管理在翻译流程中扮演着至关重要的角色。检索术语库、创建术语库并对术语进行管理,不仅可以提高翻译效率,还能打破领域壁垒,确保术语的一致性,提高翻译的专业性和连贯性。

要保持这种一致性,术语库的维护和更新也至关重要,不容忽视。这一工作不仅可以确保术语的准确性和时效性,还可以显著提高翻译工作的效率和质量,有助于更好地沟通和传递信息。

本章将主要实现以下两个目标。

(1)了解术语库相关概念,获取在线术语库资源。

(2)学习并掌握制作术语库的方法。

7.2 基础知识

7.2.1 术语库

1. 术语库条目

术语库的一个条目包含一个术语，以及与该术语有关的所有概念，如术语的翻译、缩写、释义、图片、近义词、用于描述该术语的词语、该术语的其他语言翻译等。条目包含的内容取决于译员的需求。

2. 术语库字段

术语库字段包括索引字段、说明性字段和条目类字段。

（1）索引字段包含每个条目的术语，通常一个索引包含一种语言的术语。

（2）说明性字段包含整个条目或单个术语的说明性信息，说明性信息可以具有文本、数字、日期、布尔值、多媒体文件等数据类型。

（3）条目类字段说明了条目所属的条目类。

7.2.2 术语库管理

术语管理就是提取、保存和更新术语，能够让译文保持一致和准确。在碰到一些同义词、缩写时，译员可能会感到迷茫，不清楚术语的意思，对翻译造成障碍。使用一套统一的术语规则，识别、存储术语以供调用和管理术语，并且能够添加新术语、修改现有术语和删除旧术语，可确保译员在翻译中使用正确的术语。

在开始翻译或本地化项目时，需要以统一的格式提取项目所需的术语。术语可以包括项目所属领域的术语、相关行业的标准术语、客户给出的特定用语、新术语、出现频率高的术语等。

在将术语提取完成后，需要用术语库保存术语。此时需要对术语进行整理和转化。提取的术语可能包含不同的格式，甚至可能包含标点符号，此时应使用统一的规则和格式整理术语，以便导入术语库。同时，为了使术语更便于理解，可以为术语添加说明性字段，译员在翻译时便可以根据相应的描述判断该术语的使用场景。

在术语库建立完成后，需要对术语库进行管理。在翻译或本地化的过程中，译员可以根据需要添加、修改、删除现有术语。可能会因为使用场景的区别而需要修改原有术语、由于客户的要求而增添或删除术语等。有效的术语库管理可以确保翻译的准确性和连贯性，提高翻译工作的效率和质量。

7.3 案例解析

7.3.1 术语库资源

1. 术语在线

术语在线(网址:https://www.termonline.cn/index)是由全国科学技术名词审定委员会主办的术语和知识服务平台,如图 7-1 所示。

图 7-1 术语在线首页

术语在线的准确性和权威性较高。搜索结果可以选择不同的来源数据库、学科分类和公布年度,搜索结果包括该单词的规范用词、相关学科、热搜词云、术语图谱等信息,如图 7-2 所示。

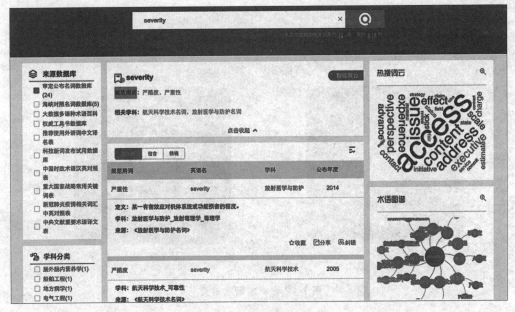

图 7-2 术语在线搜索页面

2. WIPO Pearl

WIPO Pearl（网址：https://wipopearl.wipo.int/en/linguistic）是世界知识产权组织开发的术语搜索引擎，支持阿拉伯语、汉语、英语、法语、德语、日语、韩语、葡萄牙语、俄语和西班牙语十种语言，其中的术语都已经过验证并具有一定的权威性。

在 WIPO Pearl 的搜索界面，可以选择术语的源语言和目标语言，以及术语所属的领域。同时，还可以选择是否应用机器翻译、是否搜索缩写或仅进行精确搜索，如图 7-3 所示。

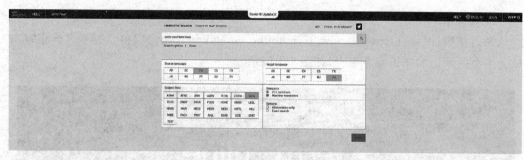

图 7-3　WIPO Pearl 搜索页面

7.3.2　术语库管理工具

语帆术语宝（网址：http://termbox.linghttp://termbox.lingosail.com/osail.com/）是一款强大的在线术语库管理工具，其功能包括管理术语、检索术语、标注术语、提取术语等。本节将学习使用语帆术语宝提取术语，并导出 CSV/TBX 文件，如图 7-4 所示。

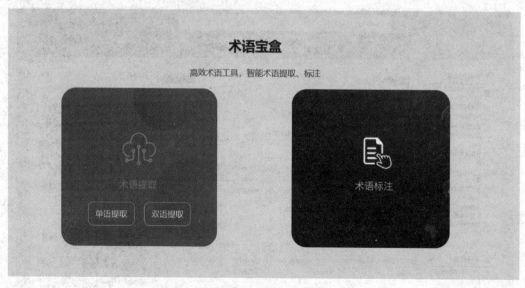

图 7-4　语帆术语宝首页

进入首页后，需要简单注册一个账号，然后单击"术语宝盒"中的"单语提取"或"双语提取"按钮,即可进入术语提取界面。

1. 单语提取

首先讲解单语提取,如图 7-5 所示。选择原文语种以及译文语种,将语料复制粘贴至文本框,或上传文件[①]。

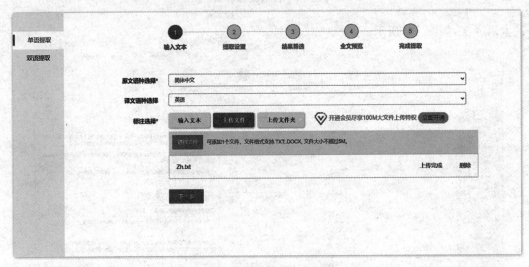

图 7-5 单语提取界面

上传文件后,可以对术语提取进行设置,包括词频、限制词长、停用词表等,如图 7-6所示。

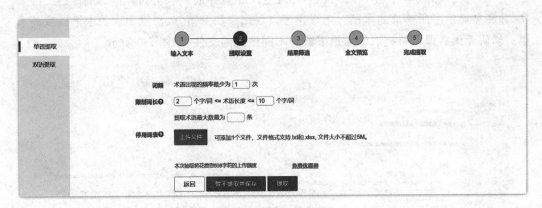

图 7-6 提取设置界面

停用词(stop words)是在语言处理中会过滤的某些常用字词。通常来说,这些字词在文本中出现的频率较高,但并无价值,还会影响提取结果。在术语提取中,一些语言学家会选择上传停用词表,以筛选出会影响提取结果的术语。

设置完成后,单击"提取"按钮,即可查看提取结果,如图 7-7 所示。

在提取结果中,提取出的术语按照词频排列,用户可以按照需要筛选所需术语,并更

---

① 本次演示所使用的文件文本为上一章中所使用的经过处理的隐私声明双语对照文本。

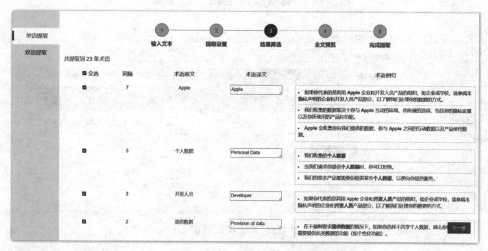

图 7-7　提取结果界面

改术语译文，如图 7-8 所示。

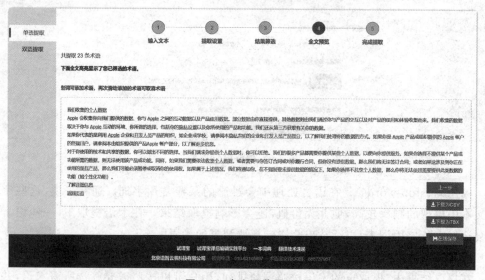

图 7-8　结果筛选页面

　　在筛选完成后，单击"下一步"按钮，出现全文预览界面。该页面显示了上传的文件全文，并高亮显示了所筛选的术语。用户还可以划词添加术语，或滑动添加的术语以取消术语。确认无误后即可将提取的术语下载为不同格式的文件，如图 7-9 所示。

图 7-9　全文预览界面

　　选择下载 TBX 文件，并将文件名保存为"隐私声明"。

2. 双语提取

语帆术语宝支持使用 TMX 格式的双语文件直接进行提取，也可以为用户自动对齐双语对照文本，再从中提取术语，如图 7-10 所示。但是相应地，使用双语对照文本的准确率可能不如使用 TMX 格式。本次演示选择上传 TMX 文件。

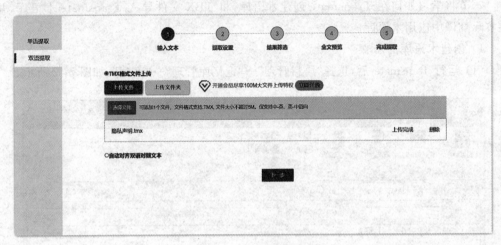

图 7-10 双语提取界面

上传文件后，可以对术语提取进行设置，包括词频、限制词长、停用词表等。与单语提取的不同之处是，双语提取的提取设置可以限制译文术语的词长，还可以上传译文的停用词表，如图 7-11 所示。

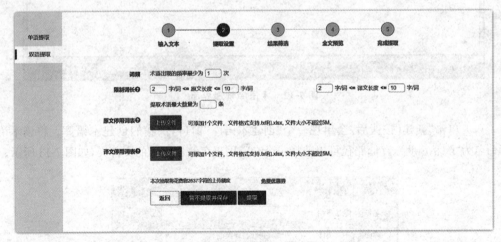

图 7-11 提取设置界面

后续操作与单语提取相似，不做特别说明。

3. 术语库的制作与应用

在计算机辅助翻译中使用术语库能够有效提高翻译的精准度并加快翻译的速度。要扩充自己的翻译记忆库，常见的方法有购买术语库、收集免费的术语库资源、提取术语并将术语导入术语库，或是在使用计算机辅助翻译时，直接将术语加入术语库。

在上一章的学习中,我们假设译员是第一次翻译隐私声明,在本章的学习中我们将继续沿用该假设。在导入翻译记忆库后,可以用这些搜索到的隐私声明文本提取出相关的术语,制作并导入术语库。这样,在使用机辅软件进行翻译时,如果遇到对应的术语,软件就会展示该术语即其译文,方便译者参考。

本节将学习如何在 Transmate 创建术语库,将 TBX 文件导入 Transmate 术语库,并在实际翻译中应用术语库。

1) 创建术语库的步骤

(1) 运行 Transmate 后,选择"语料管理"→"记忆库管理"→"新建",如图 7-12 所示。

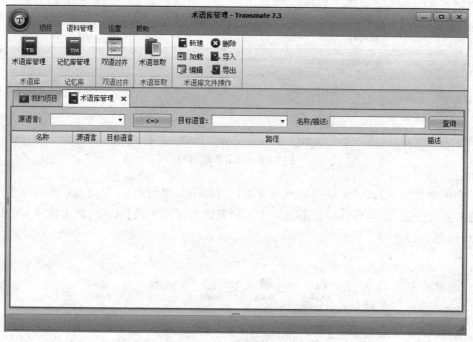

图 7-12 术语库管理界面

(2) 单击"新建"按钮后,会出现一个"创建术语库"窗口,供我们创建术语库。将该术语库命名为"隐私声明",存储路径可以选择一个专门用于存储术语库的文件夹,如图 7-13 所示。

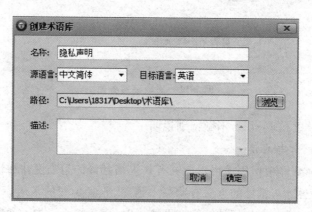

图 7-13 "创建术语库"窗口

（3）单击"确定"按钮后便可以成功创建术语库。此时，术语库管理界面出现名为"隐私声明"的术语库，如图 7-14 所示。

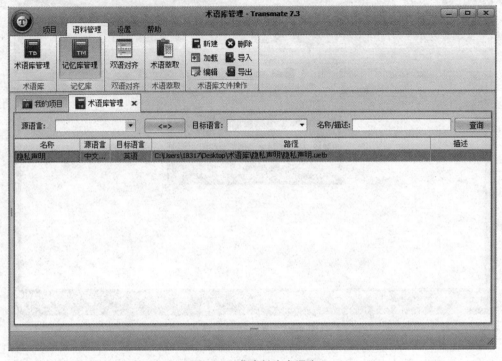

图 7-14　成功创建术语库

（4）术语库创建完成后，便可以导入"隐私声明"TBX 文件。在"术语库管理"页面单击"导入"按钮，选择 TBX 文件，单击"打开"按钮，如图 7-15 所示。

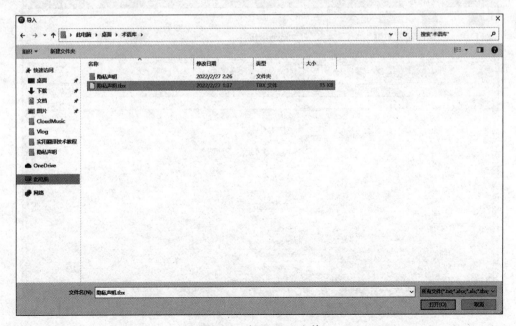

图 7-15　打开 TBX 文件

此时,术语便成功地导入术语库中,如图 7-16 所示。

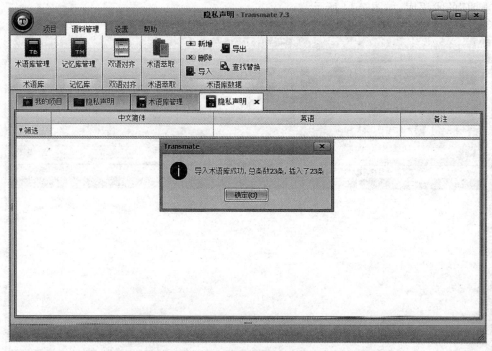

图 7-16　术语库导入成功

如需要确认导入的术语是否正确,或想要编辑术语,可以双击术语库进行查看,如图 7-17 所示。

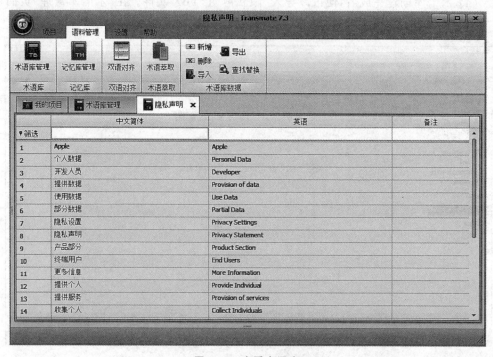

图 7-17　查看术语库

2）在翻译项目中应用术语库的步骤

（1）选择"我的项目"→"术语库"，勾选"使用"和"更新"，勾选后，便可以在该翻译项目中使用术语库，如图 7-18 所示。

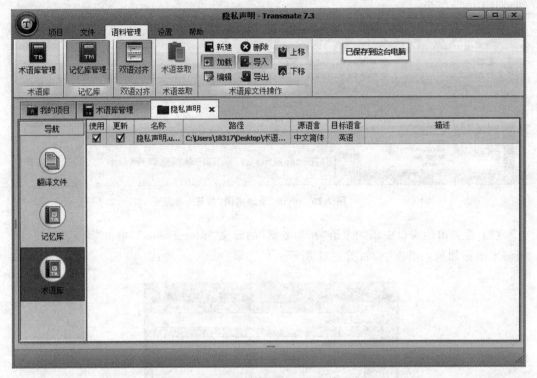

图 7-18　勾选"使用"和"更新"术语库

（2）在文件的翻译页面，当文件原文中存在与术语库中匹配的术语时，"翻译结果"窗口会出现术语库的内容，译者可以进行参考，如图 7-19 所示。

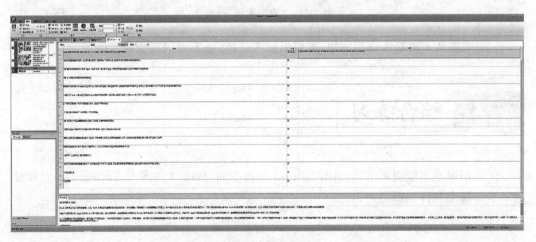

图 7-19　术语库匹配

（3）如果选择应用术语库中的术语，可以按快捷键 Ctrl＋术语所在行。例如，想要应

用第四行的术语，则按 Ctrl＋4 组合键。

3）在翻译项目中添加术语的方法

（1）如果在翻译时，遇到想要添加进术语库的术语，可以划词并单击"添加术语"按钮，如图 7-20 所示。

图 7-20　单击"添加术语"按钮

（2）在弹出的窗口中添加术语"互动数据"的译文"interactions"，单击"确定"按钮，即可将术语添加到术语库中，如图 7-21 所示。

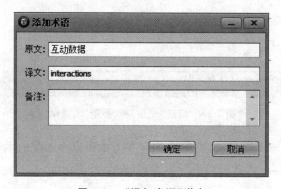

图 7-21　"添加术语"弹窗

（3）为确认术语是否成功添加，可以返回术语库，查看术语库中的术语。

7.4　综合练习

使用语帆术语宝提取术语，并导出 TBX 文件。将 TBX 文件导入 Transmate，尝试使用术语库辅助翻译并添加术语。

译前译后编辑

8.1 本章导读

机器翻译能够在短时间内处理大量信息,具有速度快、效率高的优点。随着人工智能和大数据技术的发展,机器翻译技术也在不断提高。但是,目前机器翻译的质量仍不及人工翻译。为了平衡译文质量与翻译效率的关系,发挥人机交互的优势,机器翻译的译后编辑(machine translation post-editing,MTPE)逐渐成为广受欢迎的翻译工作模式。机器翻译的译后编辑是指通过人工干预机器翻译的原始输出译文,以满足特定译文质量标准的过程。

虽然译后编辑的目的是满足特定的译文质量要求,但是不等于一定要输出完美的译文,根据文本类型及使用场景的不同,译后编辑主要分为快速译后编辑(light PE)和完全译后编辑(full PE),本章将着重讲解完全译后编辑。

此外,为了减少机器翻译的失误,提高译后编辑的效率,还可在译前对原文进行适当的预处理,即译前编辑。译前编辑与译后编辑相互配合,可以进一步优化机器翻译质量。

本章将介绍的实用技术包括以下内容。

(1)译前编辑和译后编辑的具体内容及适用范围。

(2)机器翻译的错误类型及译后编辑策略。

(3)译前编辑的策略。

本章将主要实现以下三个目标。

(1)识别机器翻译的常见错误。

(2)对不同类型的原文进行判断,完成适当的译前编辑。

(3)对机器翻译的译文进行恰当的译后编辑,使之达到人工翻译标准。

8.2 基础知识

8.2.1 译前编辑

译前编辑是在机器翻译前对原文进行预处理。译前编辑需要从机器翻译引擎的角度分析源文本，预估机器翻译可能发生的潜在错误并修改原文，以减少这些错误。做好译前编辑可以最大限度地提高机器翻译输出的译文质量，从而减少译后编辑需要的时间。

译前编辑包含以下内容。

（1）缩短句长，简化语法结构。

（2）统一术语。

（3）纠正拼写和标点错误。

（4）添加缺失的冠词和代词。

（5）消除歧义表达。

需要注意的是，译前编辑不能解决所有的机器翻译错误。在某些情况下，译前编辑不是必需的。如果原文的语言质量很高，并且机器翻译引擎已经在特定领域的资源上获得充足的培训，那么译前编辑的作用便很有限。

8.2.2 译后编辑

译后编辑是对机器翻译系统生成的译文进行的编辑操作。根据译后编辑操作环境的不同，可以分为狭义的译后编辑和广义的译后编辑。狭义的译后编辑是直接在机器翻译得到的译文基础上进行译后编辑；广义的译后编辑是对在翻译记忆、机器翻译和翻译管理系统组成的集成翻译环境中得到的译文进行译后编辑。根据译后编辑修改量的大小，译后编辑可分为快速译后编辑（light PE）和完全译后编辑（full PE），表 8-1 展示了快速译后编辑和完全译后编辑的对比。

表 8-1　快速译后编辑和完全译后编辑的对比

对比项目	快速译后编辑	完全译后编辑
译文处理周期	处理周期较短	修正所有错误，处理周期较长
译文修改程度	修改重大、明显的错误即可	详尽修改，所有语言问题都要纠正
语言容错程度	允许出现小错误	不应忽略任何语言上的问题
术语翻译要求	确保术语使用的一致性，对准确性不作要求	精确使用术语
译文质量要求	保证语言准确性即可	接近人工翻译质量
译文风格要求	不需修改译文风格	译文行文风格须一致，符合客户要求

1. 快速译后编辑

快速译后编辑是指在机器翻译输出的译文基础上尽可能少地进行编辑,只要译文通顺易读、语法正确,能够准确传达原文信息即可。

快速译后编辑包括以下内容。

(1) 纠正明显的错别字、单词及语法错误。

(2) 删除机器产生的不必要的翻译内容。

(3) 保持关键术语表达一致,但不进行深入的术语检查。

(4) 纠正部分重复或者难以理解的句子。

经过快速译后编辑的译文可以行文较为机械,或在语言风格上与原文有所出入,但只要译文足够流畅、不影响读者理解原文含义即可,无须进行任何修辞或风格上的润色。总之,快速译后编辑的关键是无事实错误、达标。

2. 完全译后编辑

完全译后编辑需要的时间更多,修改程度更深,产出的译文必须准确无误,确保所有术语使用正确,语气和文风合适,并且没有任何语法错误。完全译后编辑在快速译后编辑的基础上,还包括以下内容。

(1) 根据批准的术语资源检查术语,确保术语的准确性和一致性。

(2) 根据其他资源对译文进行交叉验证。

(3) 根据目标语言习惯进行语法修改。

(4) 保证译文风格一致且流畅。

(5) 翻译具有文化特色的语句,如习语、举例等。

(6) 确保译文对原文完全忠实。

(7) 确保格式和标点符号完全正确。

(8) 纠正所有语法错误、错别字和拼写错误。

经过完全译后编辑的译文质量在各个方面都必须等同于或高于人工翻译质量,符合客户要求的人工质量标准。

3. 译后编辑的适用性

机器翻译输出的译文是译后编辑的对象,翻译自动化用户协会(TAUS)分析了专业翻译项目使用机器翻译的四种对象。

(1) 时间比较赶的翻译内容。

(2) 对译文质量要求不高的稿件。

(3) 需要人工译后编辑的翻译初稿。

(4) 作为检测译文问题的途径,需要审校人员进一步修改的场景。

图 8-1[1] 明确了机器翻译和译后编辑适用的翻译题材,聊天记录、电子邮件、情报检索等文本对译文质量要求相对不高,适合机器翻译;诗歌、散文、产品广告、正式出版物、合同等文本对译文质量的要求很高,适合人工翻译;而居于中间的产品用户手册、专利、汽车专

---

[1] 崔启亮. 论机器翻译的译后编辑[J]. 中国翻译,2014(6):68-73.

业资料、软件等对译文质量要求适中,在对翻译效率要求较高的情况下,可采用机器翻译和译前与译后编辑进行综合处理。

译文质量↑ HT	文学、戏剧、 诗歌、小说、 散文	产品广告、 正式出版物	合同、标准 法规
TMT+PE	产品用户手册	专利、电信、 汽车专业 资料	软件、网站
MT	聊天记录、 电子邮件	浏览的网页	情报检索、产品 技术参考材料、 天气预报

翻译题材→

图 8-1　不同方式适用的翻译题材

4. 译后编辑的实践平台

试译宝译后编辑实践平台主要面向高校学生和教师进行译后编辑实训。在该平台上,学生可以进行日常的机器翻译和译后编辑训练,满足翻译实践训练和提升译后编辑能力的需求,教师可以根据院校培养方案管理学生进行译后编辑练习。试译宝译后编辑实践平台的操作步骤如下。

打开试译宝译后编辑实践平台(网址:http://mtpe.shiyibao.com),进行注册和登录,如图 8-2 所示。

图 8-2　试译宝译后编辑实践平台首页

单击进入学生操作界面,选择感兴趣的专业领域和语种,认领翻译任务,如图 8-3 所示。

进入初译,单击翻译框,系统会给出机器翻译结果,译者可在机器翻译结果的基础上进行译后编辑。界面右上角有词典功能,右边是术语栏,在翻译的过程中可以选中术语进

图 8-3　学生操作界面

行"术语搜索"和"添加术语"操作，如图 8-4 所示。

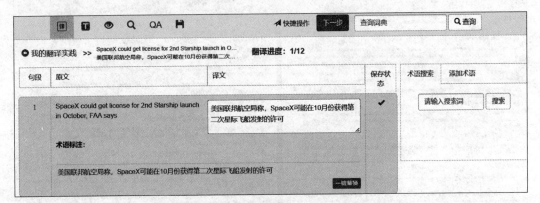

图 8-4　翻译操作界面

单击"T"按钮，可以在文章中通过划词回收术语，还可以在右侧术语列表中对术语进行修改、确认或删除，如图 8-5 所示。

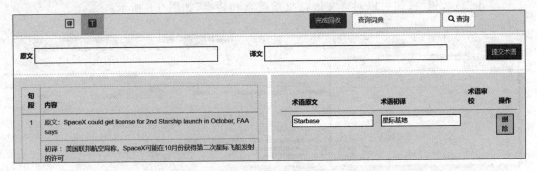

图 8-5　术语回收界面

完成回收后，本篇文章的术语表会自动在同一用户的语帆术语宝平台中生成。用户可以在语帆术语宝的"我的术语"模块中选择"术语列表"，即可看到新生成的术语库，如图 8-6 所示。

在试译宝译后编辑实践平台，单击"眼睛"图标可以预览译文，如图 8-7 所示。

图 8-6　语帆术语宝术语查询界面

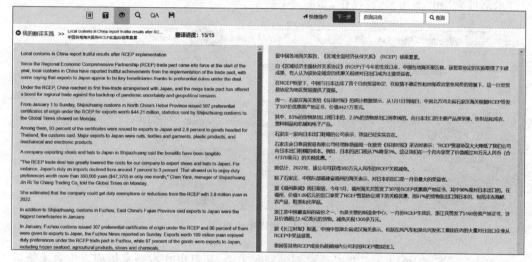

图 8-7　预览译文界面

单击"放大镜"按钮可以对译文进行批量搜索和替换，如图 8-8 所示。

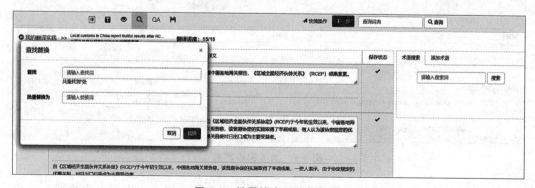

图 8-8　批量搜索和替换界面

单击"QA"按钮可对译文进行质量检查，主要检查术语一致性的问题，修改后无误便可单击"提交"按钮提交译文，如图 8-9 所示。

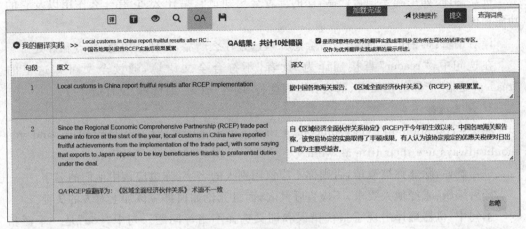

图 8-9 质量检查界面

8.3 案例解析

机器翻译已经成为译者输出译文的重要参考,机器翻译的译后编辑也成为高效工作的热门选择。译后编辑的机制很简单:阅读原文和译文,识别译文中的问题并修改。因此,快速、有针对性地识别机器翻译错误尤为关键。下面以谷歌翻译结果为例,列举多种机器翻译错误案例及译后编辑策略,为识别机器翻译错误及进行译后编辑提供借鉴。

8.3.1 机器翻译的错误类型及译后编辑策略

1. 术语错误

原文:We'd like to inform you that our counter sample will be sent to you by DHL by the end of this week. Please confirm it ASAP so that we can start mass production.

机器翻译:我们想通知您,我们的反样品将在本周末由 DHL 发送给您。请尽快确认,以便我们开始批量生产。

译后编辑:通知您,我们的回样将于本周末通过敦豪快递寄给您。请尽快确认,以便我们开始大批生产。

在商务英语中,"counter sample"意为"回样、对等样品",而机器翻译输出结果为字面含义"反样品",属于术语错误;DHL 全称为"Dalsey,Hillblom and Lynn"(敦豪快递),是一家国际快递公司。这种情况下,译者需要对原文所包含的专业词汇有一定的了解,或者提前建好相关专业术语表,以便在计算机辅助翻译环境中进行校对和译后编辑。

2. 指代错误

原文:If you are selling a product,your reader will want to know what it is,what it does,and its features and benefits.

机器翻译:如果您要销售产品,您的读者会想知道它是什么、它有什么作用以及它的功能和优点。

译后编辑:推销产品时,消费者会想知道这是什么产品,有什么用处、特点和好处。

在这句中,"reader"直接翻译为"读者"不符合全文语境,通读全文可知这里的"reader"是指"产品的使用者、消费者",因此将"读者"改为"消费者"更合适。

3. 词义选择不当

原文:You shouldn't use someone's first name unless you are invited to, and you should always use their title as well.

机器翻译:除非你被邀请,否则你不应该用别人的名字,你也应该用他们的名字。

译后编辑:未经他人要求,不应直呼其名,而且无论如何都应该加上对方的头衔。

本句中,机器翻译出现了指代错误和词义选择不当等问题。句中"you"是一个泛指代词,不必生硬地译出来。"their"指代上文中的"someone",在词义选择方面,机器翻译时没有把英文中的"名""姓"和"头衔、职称"区别出来。

关于英文中的名和姓。英文中,first name=given name=名,last name=surname=family name=姓。在日常及社交活动中,对别人直呼其名表示亲切,但在商务交际过程中,尤其是第一次见面时,对他人直呼其名是不礼貌的。只有当对方说:"Don't call me Mr Green, just call me Mark, please."之后,才可以直呼其名"Mark"。

4. 欠译或过译

原文:We shall cover TPND on your order.

机器翻译:我们将在您的订单中涵盖 TPND。

译后编辑:我们将为你方的货物投保盗窃和提货不着险。

欠译是指字面上的翻译程度不够,原文中的内容没有翻译。过译是指原文中不需要翻译的内容,如函数名、关键字等被机器翻译译出来了。

在本句中,"TPND"全称为"theft, pilferage and non-delivery",中文表达为"盗窃和提货不着险"。机器翻译难以识别一些专业术语中的缩略词并做出准确翻译,针对这一点,译后编辑中需要重点关注缩略词,或者在译前编辑中对缩略词进行预翻译或者编辑为全拼。

5. 多译或者漏译

原文:Salesmen usually follow up on their phone calls to make detailed inquiries into their customers' suggestions and requirements.

机器翻译:销售人员通常会接听电话,详细询问客户的建议和要求。

译后编辑:销售人员往往会对电话进行跟进,仔细询问,了解顾客的意见和要求。

多译或者漏译是指因系统问题,在译文中意外增加原文中没有的词或者漏掉原文中某些词语的翻译。在本句中明显漏掉了"follow up on"的翻译,针对这种情况,译后编辑需要根据上下文译出漏译的部分,并添加适当的连接词使译文连贯通顺。

6. 冗余

原文:The equipment and material shall be carefully and properly packed in the best and stable condition according to the figures and characteristics of the equipment and material so as to withstand long-distance sea and inland transportation and handling.

机器翻译:设备和材料应根据设备和材料的外形和特性,在最佳和稳定的状态下仔细、妥善包装,以承受长途海运和内陆运输和多次装卸。

译后编辑:设备和原料须根据其形状和特点以完善而牢固的方式精心妥当地包装,包装须适合于长途海、陆运输,能经受多次装卸。

冗余是指译文中有功能重复、重叠或者赘余的表述。本句中"设备和材料"在第一个简短的分句中就出现了两次,而在第二个分句中"仔细"和"妥善"也有语义上的重复。因此,译后编辑用代词"其"代替了"设备和材料",用"精心妥当"代替了"仔细、妥善"。

7. 逻辑顺序混乱

原文:Tourism may be defined as the sum of the phenomena and relationships arising from the interaction of tourists, business suppliers, host governments, and host communities in the process of attracting and hosting these tourists and other visitors.

机器翻译:旅游可以定义为游客、商业供应商、东道国政府和东道社区在吸引和接待这些游客和其他游客的过程中相互作用而产生的现象和关系的总和。

译后编辑:旅游是在吸引和接待游客及其他来访者过程中,因游客、旅游业务供应商、旅游景区当地政府和景区所在地居民(四方)相互作用而产生的诸多现象和关系的总和。

逻辑顺序混乱是由于原文句子过长、有多个主语或者宾语,导致机器翻译受句子结构影响,无法理顺语言逻辑造成的翻译结果逻辑混乱,甚至造成了理解上的偏差。

在这句话中,受英语句式结构的影响,系统给出的翻译结果句子冗长,且逻辑关系不明确,晦涩难懂。译后编辑将句子切分,加上表示因果的逻辑关系词"因……而",使句子逻辑清楚,译文更容易理解。

8. 形式、格式错误

原文:Viral safety concerns as described in ICH Guideline Q5A Quality of Biotechnological Products: *Viral Safety Evaluation of Biotechnology Products Derived from Cell Lines of Human or Animal Origin*.

机器翻译:ICH 指南 Q5A 生物技术产品质量:源自人类或动物细胞系的生物技术产品的病毒安全性评估中描述的病毒安全问题。

译后编辑:ICH 准则 Q5A《生物技术产品的质量:源自人类或动物源细胞系的生物技术产品的病毒安全性评估》中所述的病毒安全问题。

形式错误是指文字或者符号的表征形式不正确或不符合目标语言的表征习惯。格式错误是指字体、风格、标点符号的全角半角、凸显强调等方面的错误。

在这句话中机器翻译的错误主要在于没有区分英汉两种语言在引用书名时形式、格式的不同。英文中的书名号用斜体表示,而中文中则需要只用书名号来表示。在这种情况下,译后编辑需要熟练区分中英文标点符号的使用,也是我们在修订机器翻译结果时应重点关注的地方。

9. 隐藏含义消失

原文:Do you think a new company can survive without a unique product? It's a real jungle out there!

机器翻译:你认为没有独特的产品,一家新公司能生存吗?那里是真正的丛林!

译后编辑:你认为没有独特的产品,一家新公司能生存吗?市场可是讲丛林法则的地方。

在中文和英文表达中都有很多谚语、俗语等固定表达,这些表达用通俗的语言或者意象却表达了更为深刻的含义。但是机器翻译不一定能准确翻译出字面意思背后的含义,因此造成了机器翻译结果中隐藏含义消失的现象。在本句中,机器翻译将"a real jungle out there"只按照字面意思翻译了出来,因此需要通过译后编辑再现隐藏含义。

10. 受原文句子结构束缚

原文 1:Any business is only as good as the people who comprise the organization. Therefore, an excellent employee is a pearl of great price.

机器翻译 1:任何企业的好坏都取决于组成组织的人。因此,优秀的员工是一颗无价的珍珠。

译后编辑 1:员工的素质决定企业的品质。因此,优秀员工是企业的无价之宝。

原文 2:We are weary of the danger of colonialism, the division it has brought to our continent, the bloodshed and confusion, the racism and hate that go hand in glove with the colonists.

机器翻译 2:我们对殖民主义的危险、它给我们大陆带来的分裂、流血和混乱、与殖民者密不可分的种族主义和仇恨感到厌倦。

译后编辑 2:殖民主义的威胁,殖民主义给我们大陆造成的分裂、流血和混乱,以及与殖民主义者结有不解之缘的种族主义和种族仇恨,这一切我们都受够了。

受原文句子结构束缚是指机器翻译不能注意英汉两种语言的特点和差异,一味地效仿英语句子结构进行汉译。在本句中,机器翻译效仿英文句子的结构,导致汉语表达不够专业。翻译应该在理解和忠实原文的基础上,摆脱原文的束缚,不拘泥于词汇和句式的排列,而是按照内在逻辑关系,大胆地改变原文的形式。以上两个例句中机器翻译均没有理解上的错误,但是译文受原文语言结构影响,十分晦涩且宾语过长,容易造成理解困难或者歧义。因此,译后编辑要在机器翻译的基础上按照汉语语言特点和表达方式进行句式重组。

8.3.2 译前编辑的策略

1. 原文有误

1) 修正拼写、标点等错误

输入正确的译文是机器翻译输出正确译文的关键,错误的单词可能被误译。在机器翻译前要确保关键单词拼写、内容表达、标点符号等无误。

2) 消除原文中的歧义

英文中会有一词多义的现象,有时机器翻译难以根据上下文选取适当的词义,进而造成翻译结果上的偏差。需通过译前编辑将这些多义词替换为同义且不会造成理解偏差的词。

3）替换代词或歧义词

在英文中有时会用一些代词来指代前文中出现过的事物，或者用一个上义词来指代下义词，这些含义需要通过联系上下文才可以准确理解，但是会被机器翻译所忽略。译后编辑部分中有以下例句。

原文：If you are selling a product, your reader will want to know what it is, what it does, and its features and benefits.

机器翻译1：如果您要销售产品，您的读者会想知道它是什么、它有什么作用以及它的功能和优点。

为了使译后编辑更轻松，可以在使用机器翻译之前将"reader"一词直接替换为"consumer"，前面的定语"your"也可以省略，避免机译翻译出"你的"，使译文变得累赘；同时，为了计算机能准确理解"it"的所指，可以将"what"替换为"what product"。

译前编辑：If you are selling a product, consumer will want to know what product it is, what it does, and its features and benefits.

将经过译前编辑后的原文输入Google翻译之后得到的机器翻译如下。

机器翻译2：如果您在销售产品，消费者会想知道它是什么产品、它有什么作用以及它的功能和优点。

4）省略冠词

英语中常在单数可数名词前添加冠词a和an表示"一"的含义，但此时冠词仅表示名词为不特定者，而不强调数目概念。但在将其翻译成汉语时，机器翻译经常会将a翻译为"一个"，这在汉语的表达中是冗余的。

原文：There is a process for self-inspection and/or quality audit, which regularly appraises the effectiveness and applicability of the Pharmaceutical Quality System.

机器翻译1：有一个自我检查和/或质量审核的过程，定期评估药品质量体系的有效性和适用性。

在表述过程等抽象名词时，汉语不与"一个"连用。因此，在这样的情况下，可省译a，即删除原文中的a。

译前编辑：There is process for self-inspection and/or quality audit, which regularly appraises the effectiveness and applicability of the Pharmaceutical Quality System.

机器翻译2：有自我检查和/或质量审核的过程，定期评估药品质量体系的有效性和适用性。

经过译后编辑删除抽象名词的冗余表达，消除欧化表达的定语从句结构，最终译文如下。

译后编辑：有自检和/或质量审计规程，能定期评价制药质量体系的有效性与适用性。

2. 原文句子过长

1）断句分译

原文：Quality management is a wide-ranging concept, which covers all matters, which individually or collectively influence the quality of a product.

机器翻译 1：质量管理是一个广泛的概念，涵盖所有事项，这些事项单独或共同影响产品的质量。

当原文句子过长时，机器翻译输出的结果往往比较冗余，或者不符合汉语的表达习惯，因此在译前编辑阶段可以将长句切分为短句，复合句变成简单句，以便机器翻译能够简洁输出。

译前编辑：Quality management is a wide-ranging concept. It covers all matters which individually or collectively influence the quality of a product.

机器翻译 2：质量管理是一个广泛的概念。它涵盖了单独或共同影响产品质量的所有事项。

2）语序调整

原文：Product realization is achieved by designing，planning，implementing，maintaining and continuously improving a system that allows the consistent delivery of products with appropriate quality attributes.

机器翻译 1：产品实现是通过设计、规划、实施、维护和持续改进一个系统来实现的，该系统允许具有适当质量属性的产品的一致交付。

利用译前翻译调整语序，使汉语译文行文逻辑更顺畅，也避免中心词的重复，如"该系统"。

译前编辑：By designing，planning，implementing，maintaining and continuously improving a system that allows the consistent delivery of products with appropriate quality attributes，product realization is achieved.

机器翻译 2：通过设计、规划、实施、维护和持续改进一个系统，允许具有适当质量属性的产品的一致交付，从而实现产品实现。

3）意群切分与调整

原文：Arrangements are made for the manufacture，supply and use of the correct starting and packaging materials，the selection and monitoring of suppliers and for verifying that each delivery is from the approved supply chain.

机器翻译 1：安排制造、供应和使用正确的起始和包装材料，供应商的选择和监测，以及核实每次交付是否来自批准的供应链。

从句子结构和语法分析，第一个"for"和第二个"for"是并列结构，其后内容都是对 arrangement 范围的限定。然而，机器翻译无法分析相隔较远的并列介词结构，理解分析意群之间关系和行文的逻辑结构。因此，译前编辑时可通过意群切分对句子结构做适当的调整、适当增补单词的方法。

译前编辑：Arrangements are made for the following activities：manufacture，supply and use of the correct starting and packaging materials，the selection and monitoring of suppliers and verifying that each delivery is from the approved supply chain.

机器翻译 2：安排以下活动：制造、供应和使用正确的起始和包装材料，选择和监控供应商并核实每次交付是否来自经批准的供应链。

通过案例解析可以发现，译前编辑从某种程度上来说也是译后编辑的一部分，很多译后编辑中需要解决的问题或机器翻译错误可以通过译前编辑来避免。译前编辑为机器翻译错误提供了解决方案,针对不同的机器翻译错误类型,可以选取适当的译前或译后编辑方案,表 8-2 对机器翻译错误类型及编辑方案进行了总结。

表 8-2　机器翻译错误类型及编辑方案

机器翻译错误类型	译 后 编 辑	译 前 编 辑
术语错误	制作术语表或者术语库,在 CAT 平台译后编辑	
指代错误		将相关代词或者延伸词替换为所指物
词义选择不当	通过上下文选择合适的词义	
欠译或过译	关注缩略词的翻译	
多译或者漏译	增删译文,再适当添加连接词保持句式连贯	
冗余	精简译文,删除重复表达	
逻辑顺序混乱	理解原文,脱离源语言结构,再理顺逻辑,重新组织语言	切分句子,理顺翻译逻辑
从句翻译错误	理解原文,脱离源语言结构,再理顺逻辑,重新组织语言	理顺翻译逻辑
形式、格式错误	区分英汉表达方式与格式的区别,有针对性作修正	
隐藏含义消失	深刻理解原文,再现隐藏含义	
受原文句子结构束缚	清楚英汉两种语言的不同,在准确理解的同时需要以目标语习惯的表达方式重新组织语言	
原文错误		修正原文中的单词拼写、标点符号等的错误
句子过长		可根据情况选择断句分译、语序调整、意群切分与调整

8.4　综合练习

1. 翻译一篇文章,自选翻译引擎,分析总结文本中的机器翻译错误类型。
2. 在第 1 题的基础上,采用适合的方法进行译前编辑或译后编辑。

第三部分

专题学习

质量保证工具应用

9.1　本章导读

　　经过机器翻译、计算机辅助翻译等的学习,我们掌握了协助翻译工作、提高翻译效率的工具。翻译工具的功能虽然强大,但译文依旧可能存在各种质量问题。无论是对于个人还是企业,翻译质量的重要性都不言而喻。就个人而言,翻译质量可体现个人的翻译能力,影响个人的声誉与信誉;就企业而言,翻译质量甚至关乎翻译企业的生存与发展。因此,我们有必要清晰认识翻译质量的相关概念与标准,并在翻译项目中采取相应的质量保证措施。

　　本章首先将讲解一些翻译质量的基本概念与知识,如翻译质量的定义、影响翻译质量的因素等,为读者理解翻译质量控制与保证技术打下理论基础。其后,将介绍具体的翻译质量保证工具,明晰这些工具在译前、译中、译后不同阶段发挥的作用,使读者认识在翻译质量控制中合理运用相关技术的重要意义。在掌握相应理论知识的基础上,本章将选取免费或低价的翻译质量保证工具,结合具体案例,展现各阶段各类翻译质量保证工具的实际操作。

　　本章将介绍的实用技术包括以下内容。

　　(1)翻译质量保证工具的相关概念与基础知识。

　　(2)译前、译中、译后各个阶段翻译质量保证工具的实际操作。

9.2　基础知识

9.2.1　翻译质量

学术界对翻译质量讨论的传统话题是翻译标准。翻译标准是衡量译文质量的尺度,

许多学者曾提出对翻译标准的主张,如严复的"信、达、雅"、鲁迅的"宁信而不顺"、傅雷的"神似"论、钱钟书的"化境"说等。在传统翻译中,译者主要以他们所选择的翻译标准为导向来追求高质量的翻译。

随着社会的发展和技术的进步,客户需求呈现多样化特征,翻译质量不再拘泥于某一单一的翻译标准,而是包含对翻译项目服务整个流程的管理,如客户需求确认、文本分析、人员、时间、技术、管理、不可抗力等各方面的质量控制。只有在最大程度上让客户满意的翻译项目服务,才是高质量的翻译。

9.2.2　翻译质量的影响因素

翻译质量的考量因素不再局限于文本本身,而是包含对翻译项目服务整个流程的管理,流程中的各环节都会影响翻译质量。其中,翻译质量保证工具在文本分析、时间与技术等方面发挥着重要作用。

1. 文本分析

文本分析既包含译前对原文文本的分析,也包括译后对译文文本的分析。原文文本是翻译的依据,是翻译的基础;译文文本是翻译的产出,是翻译的结果。两者在语句结构、表达逻辑、表意情况、缺漏错误、格式排版等各方面都有可能对翻译质量产生重要影响。

2. 时间与技术

由于翻译内容可能具有时效性,客户往往要求译员在一定期限内提交翻译产品。因此,在有限时间内,可通过使用计算机辅助翻译工具提高翻译效率,借助技术的自动建议及更正、建立术语库等功能提高翻译准确率,进而有效提升翻译质量。

总体来讲,翻译质量的影响因素涉及多维度内容,要在翻译初期做好应对翻译质量影响因素的规划,并且在翻译过程中合理运用翻译质量保证工具,进行实时的翻译质量控制,才能保证最终的翻译质量。

9.2.3　翻译质量控制

翻译质量控制是指通过监视质量的形成过程,控制各个环节中可能影响质量的因素。影响翻译质量的相关因素涉及多维度内容,可以贯穿整个翻译工作流程。因此,翻译质量控制也必然贯穿整个翻译流程。从翻译任务接受、翻译任务分配、翻译任务准备、翻译任务实施至最终交稿,翻译质量控制在团队选择、风格指南编辑、语料准备、翻译文本审校、准时交付等方面均发挥重要作用。

9.2.4　翻译质量保证工具

1. 翻译质量保证工具的定义与作用

翻译质量保证工具是在翻译质量控制过程中,在不同阶段针对文本质量所采用的质量保证技术。使用翻译质量保证工具的目的是识别和解析文本中所存在的错误,其所检查的内容一般主要包含以下几点。

1)准确性

首先,原文与译文的表述需要分别符合源语言与目标语言的表达习惯,并避免出现错别字、搭配问题等。其次,所有内容都需要准确翻译,忠实于原文,避免漏译等情况。

2)词汇翻译检查

在翻译过程中,如果客户提供了某些词汇的标准翻译,则应遵循客户的标准进行翻译。同时,要确保术语的准确性与一致性。

3)格式检查

译文的标点符号等应符合目标语言的使用规则,同时应注意其他格式问题,如避免出现多余空格等。

2. 翻译质量保证工具的分类

翻译质量保证工具一般可以按照功能的不同分为以下两类。

1)通用单语校对工具

通用单语校对工具一般为单语文本检查工具,用于检查常见的语言问题,如拼写错误、语法问题、标点符号错误、搭配不当等,达到简单的质量保证目的。常见的通用单语校对工具有 Microsoft Word 的"拼写和语法"检查、黑马校对、无错字、易改、StyleWriter、Grammarly、WhiteSmoke、Ginger、Anywhere 等。

2)专用双语翻译质量保证工具

专用双语翻译质量保证工具是指专门用于保障翻译质量的工具,多是对原文与译文进行双语对照的质量检查和保证,可分为独立式和嵌入式。常见的独立式专用双语翻译质量保证工具有 ApSIC Xbench、Error Spy、QA Distiller 等。嵌入式专用双语翻译质量保证工具主要指计算机辅助翻译工具中的质控模块,如利用其自动记忆、搜索机制及术语库功能,确保前后翻译的一致性、准确性,从而提升翻译质量等。当前,国内外主流的带有嵌入式质控模块的计算机辅助翻译工具有 SDL Trados、memoQ、Déjà Vu、YiCAT 等。

3. 翻译质量保证工具的应用

翻译质量保证工具在各阶段发挥的作用如下。

1)译前

正式开始翻译前常常需要做入口检查,即检查原文质量,如原文中是否存在错别字、错误搭配等,从而减少翻译过程中的问题。只有原文质量得到保证,翻译过程才能顺畅。此外,原文质量保证也有助于提升机器翻译质量。译前多采用通用校对工具,进行单语检查。

2)译中

在翻译过程中,可以应用翻译质量保证工具及时更正错误,如进行术语管理、译文自查、编辑校对、一致性检查、格式检查等。此过程中的翻译质量控制既可以帮助译者及时更正错误,又可以确保多人协作的译文统一。同时,生成的质量保证报告可以用于追溯缺陷环节。译中多采用专用双语翻译质量保证工具进行检查。

3）译后

翻译完成后，审校人员可以借助翻译质量保证工具审订、修改稿件，质量检查人员可以采用翻译质量保证工具逐项核对客户要求并筛查数字、错别字、漏译、错译、语句不通、术语不一致、标点符号和版式使用不当等错误。译后既可以采用通用单语校对工具对译本本身进行质量控制，又可以采用专用双语质量保证工具对原文和译文进行对照质量控制。

4．辩证看待翻译质量保证工具

随着计算机辅助翻译技术的快速发展，翻译质量保证工具在翻译工作中发挥的作用越来越大。但是，译者应始终对翻译质量保证工具保持辩证态度，明白其既存在优势，也存在局限性。其优势在于可以提升效率、降低成本；其局限性是智能程度还有待提升，仍有遗漏和误报的问题，需要人工确认。译者应明白，虽然使用翻译质量保证工具可以预防质量缺陷的产生，及时检测和发现潜在问题，但是翻译质量保证工具只是辅助工具，本质上不能提升译者的翻译水平，也不能代替人工译者。因此，译者仍需努力提升翻译能力，以完成高质量的翻译。

9.3　案例解析

9.3.1　通用单语校对工具

1．无错字——中文校对工具

1）平台介绍

无错字是一款中文智能检查错别字的校对工具，主要有三种应用方式：一是使用在线版写作进行校对；二是下载无错字校对助手客户端进行校对，其客户端软件可以应用于Word、WPS、写字板、记事本、QQ 等，但暂时只支持 Windows 10、Windows 8.1、Windows 7 操作系统；三是使用无错字插件，包括 Chrome 扩展、360 安全浏览器应用、360 极速浏览器扩展、搜狗浏览器扩展等。

无错字可以检查 12 类错误，包括同音错别字、形近字错误、敏感词检测、不常用字检查、重复错误、标点符号不匹配、中英文标点符号误用、音近字错误、搭配错误、错误词库、成语检校、语义错误。无错字多用于需要检查中文文本质量的情景中，多为译前或译后的中文单语文本检查。无错字分为会员版与免费版，下面将使用免费版无错字进行在线校对操作。

2）案例与实操

案例：

一位译员正在翻译《中国译学史》一书的部分内容，但是只有扫描的 PDF 版本，因此该译员通过 OCR 将所翻译部分识别转换为 Word 版本。在识别转换的结果中，会存在识别错误,译员需对原文文本进行质量保证。需识别的内容如图 9-1 所示。

一、最早的译事及零星论述

　　世介各地的古人类,在劳动中创造了各自的语研,分属于各种语系。这以后,只要互相间有了交往的可能和需要,番译活动也就必不可少了。因此可以说,翻译的历史,从各地的原始人类开始以不同的语言作为工具而进行交流的那一天就开始了。可以想象,翻译的历史有多么悠久。而且,这里说的还是产格意义上的语言翻译,它自然略晚于语言之产生;但是,如果把手势语、图形文字之末的也算作语言,把符号翻译也算作翻译的话,那么,显然翻译的历史也就与语言的历史同时开始。

图 9-1　需识别的内容

实操步骤:

(1) 打开无错字官网(网址:https://wucuozi.com/),登录账号,若无账号,则先进行注册,如图 9-2 所示。

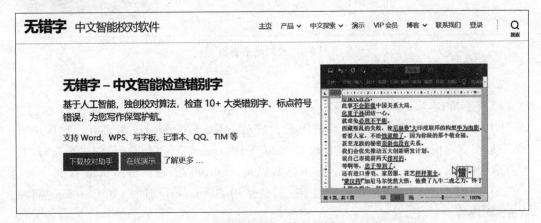

图 9-2　无错字官网界面

(2) 登录后,将所要校对的文本复制粘贴到红框内,单击"错"按钮进行校对,如图 9-3 所示。

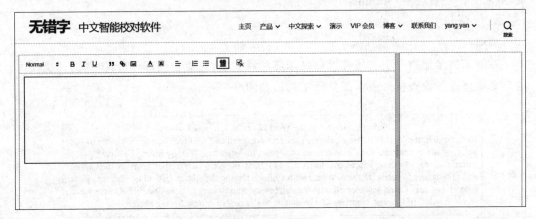

图 9-3　校对界面

(3) 所识别的 Word 文档经校对检查出的结果显示于界面右侧,如图 9-4 所示。单击红线标注的错误表述，可显示相应的错误校正。若该校正正确，单击该校正，即可接受校正结果。逐一快速查看校对结果，即可完成全部内容的校对。

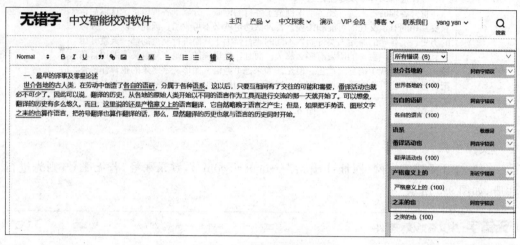

图 9-4　校对结果界面

2. Grammarly——英文校对工具

1）平台介绍

Grammarly 是一款云端英语语法纠正和校对工具。Grammarly 主要有三种应用方式：一是在官网使用云端在线版进行校对；二是下载 Grammarly 客户端软件进行校对，其客户端软件包含 Windows 版、Mac 版、iOS 版以及 Android 版，可以与 Windows、macOS、iOS、Android 的本地应用程序结合使用；三是使用 Grammarly 插件，如 Chrome 插件、Word 插件等。

Grammarly 可以实现的功能主要有检查单词拼写、纠正标点符号、修正语法错误、调整语气、给出整体风格建议、查重等。基于以上功能，该软件多用于需要检查英文文本质量的情况下，多为译前或译后的英文单语文本检查。Grammarly 有免费版、专业版、企业版，下面介绍免费版的 Grammarly 校对操作。

2）案例与实操

案例：

一位译员参加第三十二届韩素英汉译英翻译大赛，完成初稿翻译后，需要对译文文本的英文质量进行检查校对。以部分译文初稿如图 9-5 所示。

> Spring Festival, Let the World Feel the Chinese Culture
> In Austrialia, the local famouse chocolate producer designed and sold the special cholocates in peggy shape to celebrate the Chinese lunar new year; In Argentina, "Happy Spring Festival" Miaohui already became a local new festival; In Finland, people watch the performance of dragon and lion dances to celebrate the new year with China... During the spring festival holiday that just passed, not only China was teemed with the celebration atmosphere of new year, but also the whole world was full of Chinese elements and brimed with the air of Chinese Spring Festival.

图 9-5　部分译文初稿

实操步骤：

（1）打开 Grammarly 官网（网址：https://app.grammarly.com/），如图 9-6 所示。

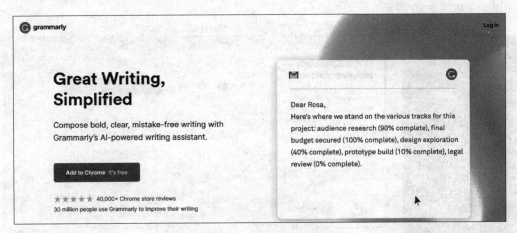

图 9-6　Grammarly 官网界面

（2）单击 Log in 按钮登录，如图 9-7 所示。若无账号需注册，如图 9-8 所示。

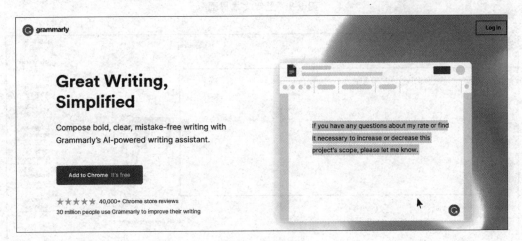

图 9-7　登录界面

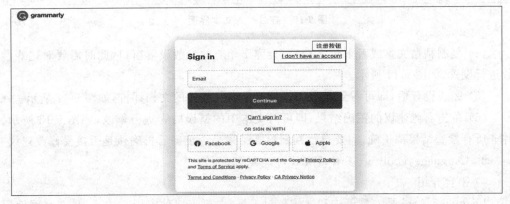

图 9-8　注册界面

（3）登录后，有两种方式可上传文本：一是单击 New 按钮在线输入文本，将所需校对的文本内容复制粘贴到文本框中；二是单击 Upload 按钮，上传所需校对的文本文档，如图 9-9 和图 9-10 所示。

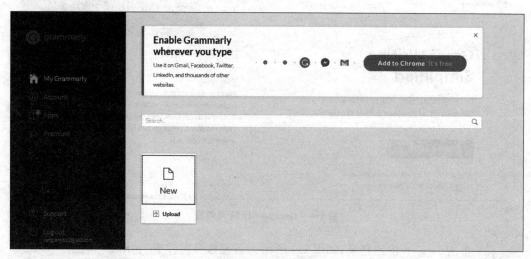

图 9-9　上传文本界面

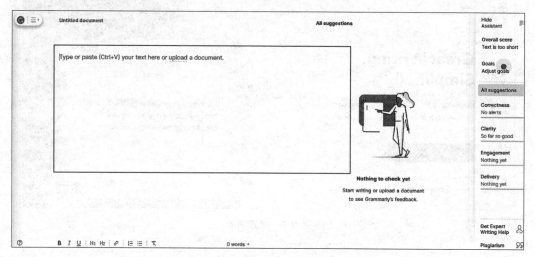

图 9-10　在线输入文本界面

（4）复制粘贴文本或者上传文档后，会弹出相应的参数设置窗口，此时需要对这些参数进行设置，如图 9-11 所示。

（5）完成设置后，即可看到相应的修改意见以及整体的文档评价，如图 9-12 所示。

（6）单击右侧建议的正确结果，即可对文本中的错误内容进行修改，如图 9-13 所示。并非所有检查结果都正确，需要自行判断检查结果是否正确后再确认是否接受修改建议。

3. Language Tool——多种语言校对工具

1）平台介绍

Language Tool 是一款语法和文体校对工具，主要有三种应用方式：一是在官网使用

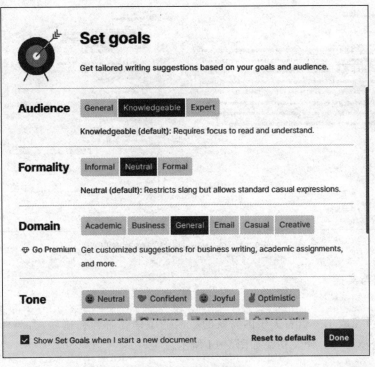

图 9-11 参数设置界面

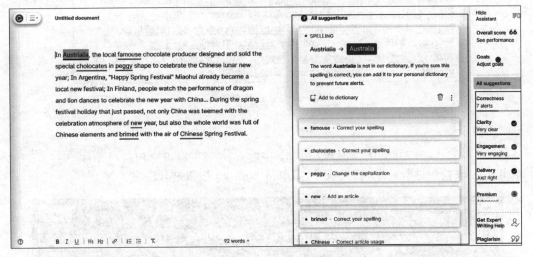

图 9-12 Grammarly 修改意见与评价

云端在线版进行校对;二是下载 Language Tool 客户端软件进行校对,其客户端软件仅有 macOS 版;三是安装可用于 Chrome、Edge、Firefox 等浏览器以及办公软件的 Language Tool 插件。Language Tool 可以实现的功能包含检查语法、校对拼写、纠正文风、调整语气,可对 20 种以上语言的文本进行校对,如英语、德语、西班牙语等。因此,该软件可用于检查多语种的文本质量,多为译前或译后的单语文本检查。Language Tool 具有免费版、付费个人版、付费团队版,下面将具体呈现免费版 Language Tool 的校对操作。

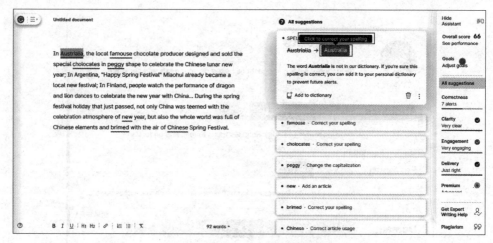

图 9-13　Grammarly 处理修改意见

2）案例与实操

案例：

一位译员完成了一篇有关中国高铁的新闻的中译德翻译初稿后，需对译文文本的质量进行检查校对，部分译文初稿如图 9-14 所示。

Die Mujia Hochgeschwindigkeitsbahn befindet sich im Osten der Provinz Heilongjiang, mt einer Gesamtlänge von mehr als 370 Kilometer und einer Designgeschwindigkeit von 250 Kilometer pro Stunde. Das erste Projekt der Mujia Hochgeschwindigkeitsbahn wurde offiziell im November 2016 gestartet, und die gesamte Strecke wird im November 2020 verlegt und angeschlossen werden, mit insgesamt sieben Stationen wie Mudanjiang, Shuangya Shanxi und Jiamusi.

图 9-14　部分译文初稿

实操步骤：

（1）打开 Language Tool 官网（网址：https://languagetool.org/），如图 9-15 所示。单击 Log in 按钮进行登录，若无账号，需单击 Sign up 按钮进行注册。

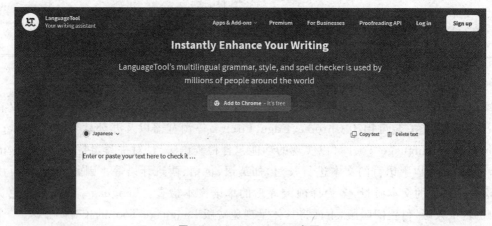

图 9-15　Language Tool 官网

（2）登录后，有两种方式可上传文本：一是将所需校对的文本内容复制粘贴到文本框中；二是选择 Open a Word document 导入所需校对的文本文档，如图 9-16 所示。

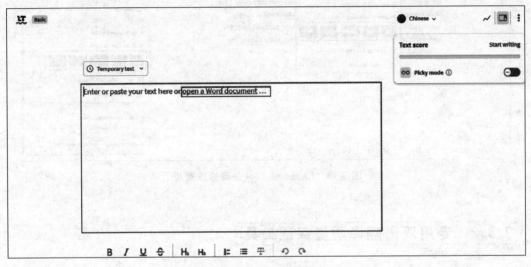

图 9-16　上传文本

（3）导入文档后，会自动识别语言，并生成相应的修改意见以及整体的文档评价，如图 9-17 所示。

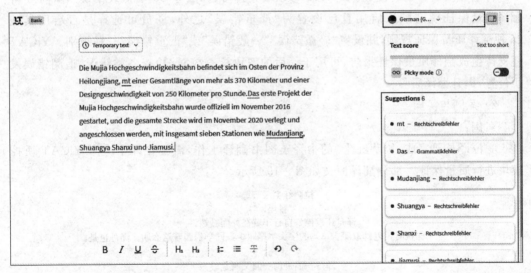

图 9-17　Language Tool 修改意见与评价

（4）单击右侧建议的正确结果，即可对文本中的错误内容进行修改，如图 9-18 所示。

以上介绍的单语通用校对工具均为云端工具，存在信息泄露的风险，应根据文本的保密性谨慎使用。

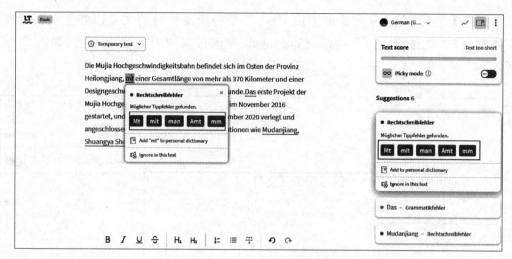

图 9-18　Language Tool 处理修改意见

9.3.2　专用双语翻译质量保证工具

1. YiCAT 质控模块——嵌入式翻译质量保证工具

1）平台介绍

YiCAT 的质控模块可用于译中的双语检查校对，在项目创建时或翻译项目进行过程中进行翻译质量保证的设置。YiCAT 可以检查拼写、标点等 30 项低级错误。除前 5 种翻译质量保证规则默认启用且已设置为"严重错误"之外，译员可选择是否启用其他 25 种翻译质量保证规则，并设置"轻微错误""一般错误"或"严重错误"三种级别。YiCAT 还支持生成翻译质量保证报告，可用于译后的双语检查校对，检查各类错误、追溯错误发生位置，提升翻译质量。

2）案例与实操

案例：

一位译员要完成《拉萨红尘》的中译英图书翻译工作，需要在译中应用 YiCAT 质控模块进行质量保证。部分翻译原文如图 9-19 所示。

拉萨红尘（节选）

"雅玛。"

泽旦还没停好自行车就在外面喊她。

上军医校时，老师取雅吉卓玛的字头字尾叫她，同学们跟着这么叫，泽丹也是。

"雅玛。"

泽丹一面进门一面又叫她。

房子虽不大，他一回家还是习惯这么大声叫着找她出来。

"哎。"

她应道。

每次听到这声应答，<u>泽丹便感到</u>自己回家了。

他把包扔在卡垫上，又把外衣脱下来，随手往沙发上一扔，坐下来嘘了口气。

"我马上热饭去。"雅玛从里面出来，一边说着，<u>一边挽好了</u>一只手的衣袖。

"我吃过了。"

图 9-19　部分翻译原文

实操步骤：

（1）YiCAT 质控模块在译中应用的实操如下。

打开 YiCAT 官网登录账号，若无账号则先进行注册，如图 9-20 所示。

图 9-20　YiCAT 官网

单击"新建项目"按钮创建项目，设置其他相应信息，如图 9-21 所示。单击"质量保证"按钮进行译中的质量保证设置，如图 9-22 所示。

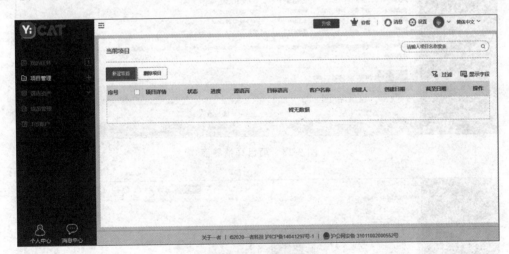

图 9-21　项目创建

设置完成后单击"完成"按钮，进入项目详情界面。单击该页面的"上传文件"按钮上传文件，如图 9-23 和图 9-24 所示。

上传文件后，双击该文件即可开始翻译，如图 9-25 所示。

在翻译过程中，界面下方会根据文件创建时所设置的质量保证参数，显示相应的质量保证建议，如图 9-26 所示。

若需要新增在增加项目创建时未设置的质量保证参数，可单击"QA 设置"按钮进行添加，如图 9-27 所示。请注意，此时的参数设置仅应用于正在编辑的该文本，如图 9-28 所示，而创建项目时所设置的参数则应用于所创建的项目内的所有文本，且在单一文本内

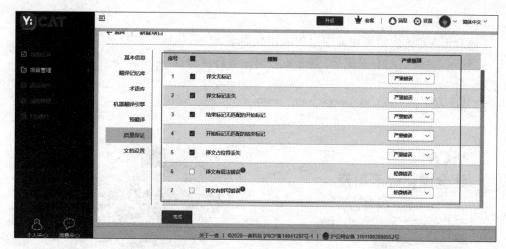

图 9-22　质量保证设置

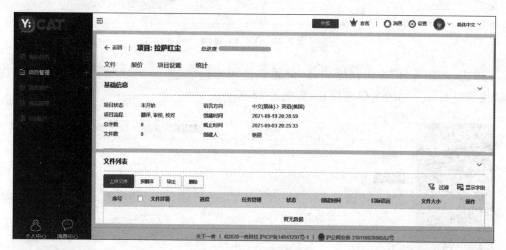

图 9-23　项目详情界面

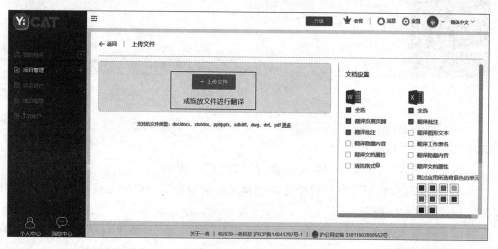

图 9-24　上传文件

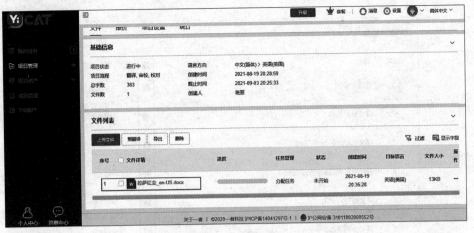

图 9-25　翻译文件

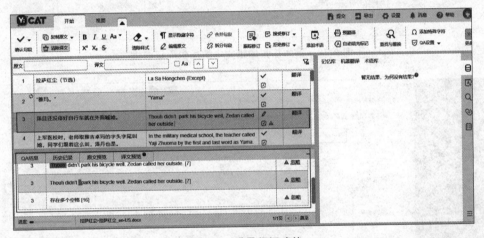

图 9-26　质量保证建议

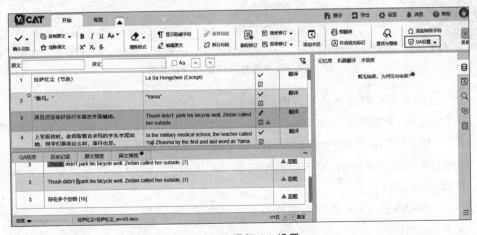

图 9-27　进行 QA 设置

不可取消项目设置的质量保证参数。若想在译中对项目设置的质量保证参数进行调整，可以在项目详情页面单击"项目设置"→"质量保证"按钮进行调整，如图 9-29 所示。

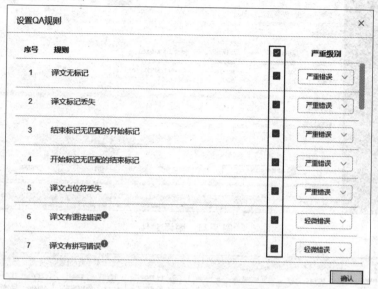

图 9-28　增加正在编辑文本的质量保证参数

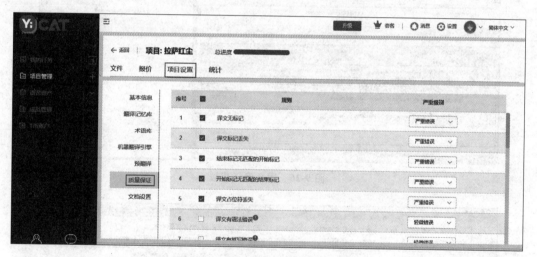

图 9-29　译中调整项目质量保证参数

（2）YiCAT 质控模块在译后应用的实操如下。

翻译完成后，在"项目管理"中单击某一项目的"详情"，打开该翻译项目，单击"导出"→"QA 报告"按钮，即可下载该文件的质量保证报告，如图 9-30 所示。

打开 QA 报告如图所示，单击错误相应的 Go to segment 链接即可定位译文中的质量问题，如图 9-31 所示。

2. ApSIC Xbench——独立式翻译质量保证工具

1）平台介绍

ApSIC Xbench（网址：https://www.xbench.net/）是一款独立式的翻译质量保证工具，也可以嵌入 Trados 等计算机辅助翻译软件中使用，此处主要关注其独立式的翻译质量保证功能。ApSIC Xbench 可以对 YiCAT、Transmate 等主流计算机辅助翻译工具导

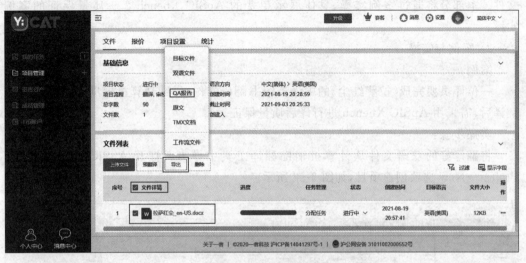

图 9-30 导出 QA 报告

#	Source Text	Target Text	Error Type	Details	Severity	Ignored	Penalty Point	Link
2	"拉玛。"	"Yama"	Extra space before punctuation marks	Extra space before: "	Note	No	1	go to segment
3	泽旦还没停好自行车就在外面喊她。	Thouh didn't park his bicycle well, Zedan called her outside.	Misspelled words	Thouh didn't park his bicycle well, Zedan called her outside.	Note	No		go to segment
				Thouh didn't park his bicycle well, Zedan called her outside.	Note	No		
			Extra spaces	Extra spaces	Note	No		
4	上军医校时，老师取藏古卓玛的学头字尾叫她，同学们跟着这么叫，泽旦也是。	In the military medical school, the teach er called Yaji Zhuoma by t he first and last wrd as Yama. And students followed the Teacher, so did Zedan.	Grammatical mistakes	In the military medical school, the teach er called Yaji Zhuoma by t he first and last wrd as Yama. And students followed the Teacher, so did Zedan.	Note	No	1	go to segment
			Misspelled words	In the military medical school, the teach er called Yaji Zhuoma by t he first and last wrd as Yama. And students followed the Teacher, so did Zedan.	Note	No		

拉萨红尘.docx(zh-CN en-US)-QA

图 9-31 QA 报告问题定位

出的双语文件进行质量保证。因此，该软件多用于译后的双语翻译质量保证。

ApSIC Xbench 主要包含两大功能。第一项是搜索功能，即能对 SDL Trados、memoQ、Déjà Vu 等主流计算机辅助翻译软件生成的各种文件格式进行源语言、目标语言、术语的搜索。同时，也可以采用正则表达式和通配符进行搜索。此处不具体探究 ApSIC Xbench 的搜索功能，而主要关注其第二项功能，即质量保证功能。ApSIC Xbench 所能检查的内容包括三项：一是基础检查，如漏译、原文译文不一致问题等；二是内容检查，如标签不匹配、数字不匹配、网址不匹配、多余空格等；三是检查清单，包含项目清单、客户清单、自定义检查清单等。ApSIC Xbench 可直接导出翻译质量保证报告，供译员修正译文。

ApSIC Xbench 3.0 版本前的版本为免费使用的版本，如 ApSIC Xbench 2.9，可以从其官网下载安装包进行安装使用。自 3.0 版开始，该软件成了商业收费软件，提供 30 天的免费试用期。该软件暂仅支持 Windows 操作系统，尚不支持 Linux 和 Mac 系统。相比 3.0 版本，2.0 版本能够支持的文件类型与版本更少一些，因而有时候无法处理导入的

文件。本部分将通过案例实操,具体展示免费的 ApSIC Xbench 2.9 质量保证的案例实操。

2)案例与实操

案例:

一位译员要完成《拉萨红尘》的中译英图书翻译工作,借助计算机辅助翻译软件完成翻译后,需采用 ApSIC Xbench 进行译后质量保证。

实操步骤:

将翻译好的双语文件从计算机辅助翻译工具中导出。打开 ApSIC Xbench,选择 Project→New 选项创建项目,如图 9-32 所示。

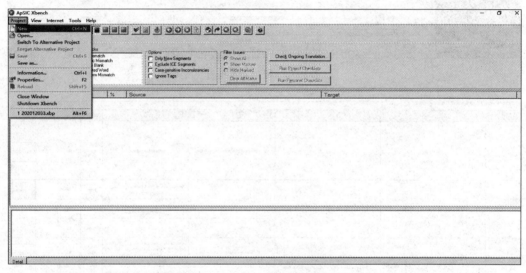

图 9-32 ApSIC Xbench 创建项目

在弹出的窗口中,导入需要进行翻译质量保证的文件。可以采取两种方式导入文件:一是直接将文件拖入;二是单击 Add 按钮,在打开的文件夹中选择相应的文件,如图 9-33 所示。由于选择路径添加的方式还需要选择文件类型,因此推荐采用直接拖入文件的方式导入。这一步骤中,我们通常要勾选"Ongoing Translation"(正在进行的翻译)和"Key Terms"(关键术语),以便对文件进行比对。其中,可以把利用制表符分隔开的 TXT 文件或 TBX 术语库文件添加为关键术语,ApSIC Xbench 可以对照术语表检查术语翻译错误或未翻译的情况。

导入文档后,选择文件类型并进行相关设置,如图 9-34 所示。

(1)如果以拖入方式添加文档,ApSIC Xbench 可以自动识别文件类型,若未能识别文件类型,可手动选择相应的文件类型。以"Add"方式加入的文档则一般需手动选择文件类型。本次导入的文件为 TMX 格式,因此选择"TMX Memory"。

(2)"Priority"(优先级)可用于确定文件的优先级,分为低、中、高三级。例如,导入多个术语表文件,那么客户提供的术语表文件的优先级应该高于新建的术语表文件,这样在术语重复的情况下,将以优先级高的术语表文件内容为准。该选项可根据需要进行设定。

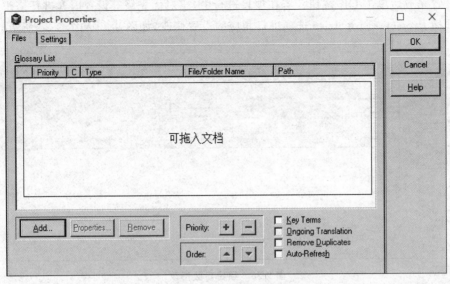

图 9-33　导入文件窗口

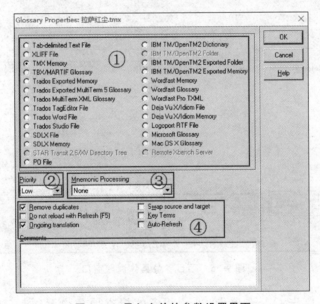

图 9-34　导入文件的参数设置界面

（3）"Mnemonic Processing"一般保持默认。

（4）可根据个人喜好进行设置勾选项，包括"Remove duplicates"（移除重复）、"Do not reload with Refresh［F5］"（刷新后不重新加载）、"Ongoing translation"（正在进行的翻译）、"Swap source and target"（交换源语言和目标语言）、"Key Terms"（关键术语）、"Auto-Refresh"（自动刷新）。需要说明的是，若勾选"Remove duplicates"，则在质检报告中相同问题的条目只出现一次；若需要对文件做翻译质量保证，需要勾选"Ongoing translation"；加载术语表时，ApSIC Xbench 可以将一个或多个文件定义为关键术语，勾选"Key Terms"即可。

设置完成后单击 OK 按钮。若在项目进行中,想对优先级等设置因素进行修改,那么可以选择 Project→Properties 选项进行相应的设置修改,如图 9-35 和图 9-36 所示。

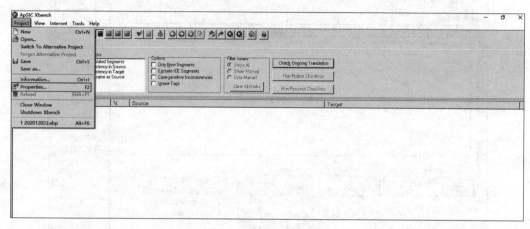

图 9-35　项目参数修改

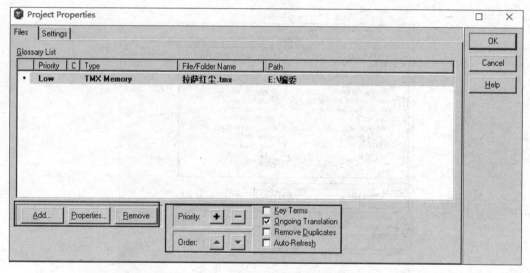

图 9-36　项目参数具体调整窗口

设置完成后,单击 QA 选项卡,进行相应的检查项目设置,如"Untranslated Segments"(未翻译句段)、"Inconsistency in Source"(源语言不一致)、"Inconsistency in Target"(目标语不一致)等。设置完成后单击 Check Ongoing Translation 按钮(检查正在进行的翻译)即可显示错误语句以及相应的错误类型,如图 9-37 所示。

单击出现问题的语句,即可在下面的文本框中显示原文和译文,以便修改,如图 9-38 所示。

导出翻译质量保证报告,选择 Tools→Export QA Results 或者直接在结果处右击,选择 Export QA Results,如图 9-39 和图 9-40 所示。

在弹出的"另存为"窗口中设置文件名及选择相应的文件保存类型。ApSIC Xbench 可将 QA 结果导出为 TEXT、HTML、XLS、XML 四种类型,如图 9-41 所示。

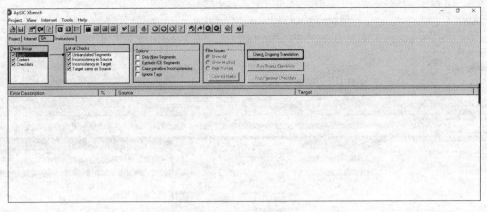

图 9-37　项目检查

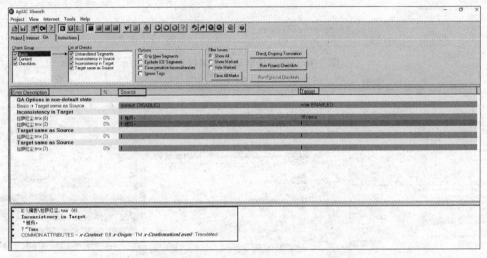

图 9-38　显示检查结果

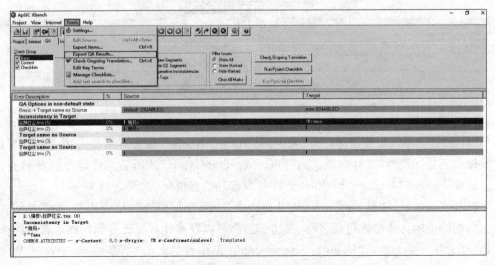

图 9-39　选择 Tools 导出翻译质量保证报告

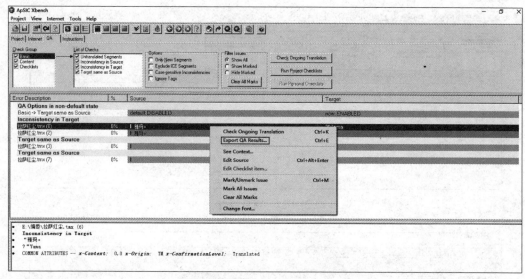

图 9-40　右击导出翻译质量保证报告

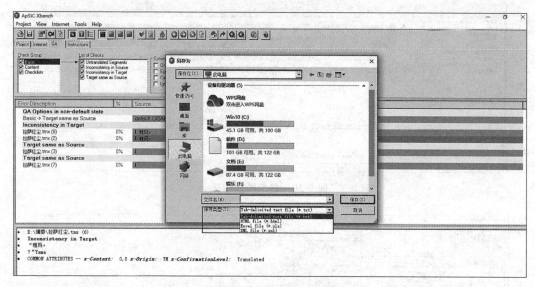

图 9-41　选择文件保存类型

3）其他事项

（1）检查清单。检查清单（Checklist）是 ApSIC Xbench 较为有用的一项批处理翻译质量保证工具，可以对项目中定义为"Ongoing Translation"的所有文件运行这些检查清单。选择 Tools→Manage Checklist 选项可以管理检查清单，如图 9-42 所示。

右击空白区域，选择 New→New Checklist Item，添加相应的检查清单，如图 9-43 所示。检查清单的具体参数包括名称、描述、类别，可以设置针对源语言和目标语言的检查，选择"Simple"（纯文本）、"Regular Expression"（正则表达式）或"Microsoft Word Wildcards"（微软 Word 通配符），同时可根据实际需要勾选相应的高级搜索，如图 9-44 所示。设置完成后，软件将检查译文是否存在相应问题。

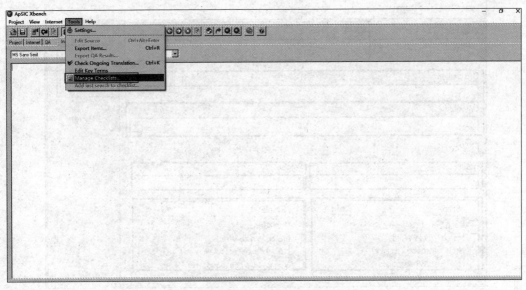

图 9-42　管理检查清单

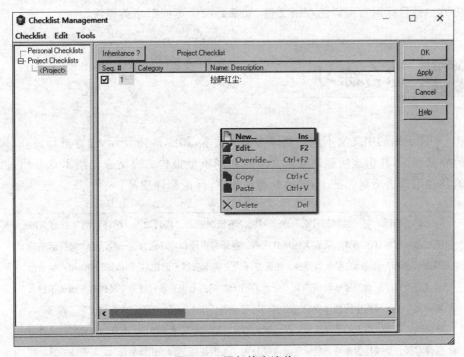

图 9-43　添加检查清单

（2）关闭 ApSIC Xbench。ApSIC Xbench 启动后会一直驻留后台，直至手动选择 Shutdown Xbench 命令才可关闭。有两种方式可以看到该命令：一是右击 Windows 任务栏中的 ApSIC Xbench 按钮；二是单击 ApSIC Xbench 主界面中的 Project 按钮。

需要注意的是，ApSIC Xbench 翻译质量保证只检查标注为"Ongoing translation"的文件内容。当 ApSIC Xbench 中添加多个待检查文件时，要保证这些文件是由同一种源

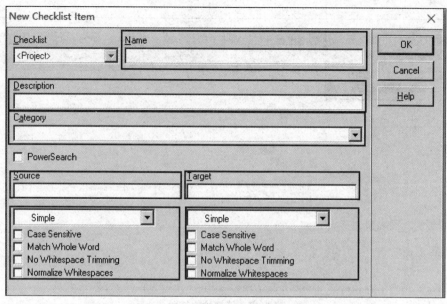

图 9-44　检查清单的具体参数设置

语言向另一种目标语言翻译的双语文件，如都是汉译英或都是英译汉。

9.4　综合练习

　　将 OCR 识别的中文文本内容翻译为英文文本，如图 9-45 所示，注意进行译前、译中、译后的质量保证，并生成所翻译双语文本的翻译质量报告。应结合使用本章介绍过的通用单语及专用双语质量保证工具，提升翻译效率，保证翻译质量。

　　研究翻译，对"翻择是什么"这个问题是不能回避的。我们知道，翻译活动具有悠久的历史和丰富多样的形式。从表大的形式来看，翻译有口译和笔译之分。一般认为，口择活动的历史比笔译活动的历史要久远得多。法国翻译理论家米歇尔·巴拉尔（Michel Ballard）指出西方"有关口译活动的最早记载，见于公元前两千多年的上埃及利潘蒂尼岛的古王国王子的石墓铭文"，而根据中国翻译史研究专家马祖毅推测，几乎在同一时期，中国也出现了最早的口译活动。关于中西方的笔译活动，据记载大约可以追溯至两千多年前，而且均与对宗教典籍的翻译有关。从操作者来看，翻译活动可以分为"人类翻译"和"机器翻译"。从领域来看，翻译活动可以分为"文学翻译"和"技术翻译"。从程度来看，翻译活动尤其是笔译活动除了逐字、逐句、逐章节的全译外，还存在摘译、编译、译述、缩译、综述、述评、译评、改写等多种形式。

图 9-45　中文文本内容

影视字幕翻译

10.1 本章导读

　　随着科学技术的发展,新媒体在国内外各个行业扮演着越来越重要的角色,它影响着人们的生活方式和思维方式。从旧媒体到新媒体,从纸质化到电子化,翻译这一行业的发展变化尤为显著。

　　在众多翻译实践中,影视翻译的受众数量和影响力绝不在文学翻译之下。常见的两种影视翻译是配音和字幕翻译。配音与原作往往难以相容,影响受众体验,而字幕翻译则保留了原始音频,不在声道上破坏原汁原味的文化,而以文字形式将翻译内容呈现在画面中。

　　在工作和学习中,我们会接触到多语种的影视资料,想要通过影视资料了解某种文化、学习某类知识,就要解决字幕这一"拦路虎"。在影视字幕翻译中,有许多高效便捷的工具可供使用,如搜狗听写、讯飞听见、人人译视界、绘影字幕、字幕通、Arctime、Aegisub等。利用这些技术,我们可以轻松获取视频原字幕、划分台词始末时间、将其译为我们熟悉的语言……这些操作恰恰对应了字幕的听录、打轴、翻译、校对等基本环节。另外,我们需要了解字幕的分类、文件格式、翻译的流程和规范等内容,以根据实际情况确定不同的翻译策略和方法,促进翻译工作有序进行,避免常见错误,保证字幕翻译质量。

　　文字是字幕翻译中需要重点处理的内容,服务于文化交流。译者不仅是"两种不同语言群体之间交际的双语中介人",而且是"文化中介人"。同时,视频等传媒手段的信息传递需要依靠画面、音乐、摄像技巧、人物动作等其他非语言符号,不免包含重要的文化信息,译者也需要尽力理解这些符号并传达出来。本章从实用角度出发,为大家介绍字幕翻译的基本知识,并重点讲解人人译视界软件的基本操作。

　　本章将介绍的实用技术包括以下内容。

　　(1) 字幕翻译的流程和规范,为翻译实践做前期准备,确保字幕翻译的质量。

　　(2) 人人译视界字幕翻译软件的基本功能,类似工具的运用。

10.2 基础知识

10.2.1 影视字幕翻译的定义和分类

1. 影视字幕翻译的定义

影视作品的呈现方式和观众的接受能力会随着地域、国别等因素不断变化,因此影视字幕翻译目前尚没有统一的权威定义。不过,近年来,国内学界对于视听翻译研究的关注度越来越高,对国内外有关概念的总结分析也更加完善。例如,有学者对如何建构影视翻译研究的概念体系做出阐述:"宏观层面包括多媒体翻译、多模态翻译、无障碍传播等,分别体现视听翻译的多媒体属性、多模态属性和传播属性。中观层面包括影视翻译、屏幕翻译、译制等,分别侧重文本、技术和行业过程。从具体研究对象上来说,微观层面包括字幕、听障人士字幕、配音、口述影像、画外音、剧本、脚本、唱词、手语等。"此外,字幕属于影视作品的文本语言,翻译时需要综合语言、声音、文字、图像、手势与表情等符号的影响。

2. 影视字幕的分类

1)从语言学角度划分

(1)语内字幕(intralingual subtitles),是指同一语言之间的转换,如方言译为普通话。

(2)语际字幕(interlingual subtitles),是指不同语言间的转换,如英语译为汉语。

2)按表达内容划分

(1)对话字幕,也称显性字幕,如视频中的人物对白、旁白、独白及歌词字幕等,通常位于屏幕下方。

(2)信息字幕,也称隐性字幕,是指除对话外的其他传达语言信号的字幕,如注解内容、演职人员列表、信件、商店招牌、路牌等。

(3)特效字幕,是视频中以各种样式出现的配文,如 BBC 台标、综艺视频后期花字。

3)按文件格式划分

(1)文本型字幕,也称外挂字幕,是独立于视频的字幕文件,常用的两种格式为 SRT (SubRip Text)和 ASS(Advanced SubStation Alpha)。SRT 文件包括字幕序号、字幕始末时间及内容,可以用记事本打开,操作方便;ASS 文件除了以上三项外,还包括脚本、风格等内容,支持字幕样式设置,如字体、颜色、位置、大小及特效等。这两种格式可以在译视界等软件中互换并导出。

(2)硬字幕,是与视频合二为一的字幕,如片头片尾的演职名单等。硬字幕压制在画面当中,译者无法编辑和删减。

(3)内嵌字幕,其中一种是可控制、可隐藏的 CC(closed caption)字幕,可以下载获取,另一种是始终在画面上显示、无法隐藏的 OC(open caption)字幕。

4）按呈现形式划分

（1）单语字幕，即视频字幕只保留目标语言。

（2）双语字幕，即视频字幕保留了源语言和目标语言，均位于视频下方，一般译文在上，原文在下，方便观众阅读。

5）按题材类别划分

影视字幕还可分为电视剧、纪录片、专题栏目等的字幕，不同类别对应不同的翻译策略。

10.2.2　影视字幕翻译的流程

字幕翻译流程一般为任务分配→视频源下载→获取原字幕→提供报价→打轴→字幕翻译→校对→后期（特效、视频压制等）。

如果有完善的字幕资源，可以直接下载文件或利用工具提取，如果视频为纯粹的原声视频，则需要通过人工听录或工具听录生成源语言字幕。搜狗听写、讯飞听见、人人译视界是比较常用的听录工具。

报价是字幕翻译的前期内容。在接到一项翻译任务后，通常要根据文本篇幅和视频时长等要素确定工作量，向客户提供相应的报价，待双方沟通无误再着手翻译。

在打轴这一环节，不同翻译任务分工不同，有时由译员负责，有时由专业的打轴人员负责。视频后期工作一般也交由专业人员负责。

10.2.3　影视字幕翻译的规范

影视语言存在多模态、多符号的特性，比传统文本具有更多限制，除了文本规范外，还有形式规范。就文本规范来说，不同翻译公司要求不一，对于不同项目类型、冗余词、不文明用语、敏感词，翻译公司会提供不同的标准，需要根据客户不断调整变动，不具备固定性。就形式规范来说，其中最重要的是时空限制，即字幕的字数和时长。

1. 字数

由于视频文件的画面空间有限，译员必须精简字幕的字数和行数。一般来说，每行字幕的汉语字符需控制在 18 个以内，字母数需控制在 35 个以内，字体不能过大或过小，否则影响观众体验，更不能遮盖人物和画面中的重要信息。同时，英语字幕最多不超过两行，汉语字幕最多不超过一行。原文如果较短，译文则不能过长，如果分配不开，可考虑将译文切割成两部分，前后两段分别配以相同的原文，出现两次。

2. 时长

字幕有时长规范的原因是电影原声和画面的持续时间有限，观众的浏览时间和精力不统一，但都有一定限度。字幕的持续时间过短或过长都会影响影片的呈现，降低观众体验。因此，字幕的出现、持续和结束应该与讲话人的口型同步，讲话速度越快，字幕显示时间越短。

一般来讲，0.8～6 秒是比较合理的字幕时长范围，单行字幕持续时间 3～4 秒，双行字幕持续时间 6～8 秒。如果字幕时长小于 0.8 秒，需要将时间延长至 0.8 秒；如果字幕时长超过 8 秒，则需要分割句子。对于有视听障碍的人群，字幕的显示时间应相应延长。

时间和空间的双重限制要求译者必须在不影响原文语义的情况下，尽可能压缩字幕字数，控制持续时间。

10.3 案例解析

本章选用人人译视界字幕翻译工具，如图 10-1 所示，摘选一篇讲述拖延症（procrastination）的 TED 演讲，用以案例教学。

图 10-1 人人译视界官网界面

人人译视界旨在实现视频领域"AI＋人工校对"的译制模式，是一款省心省力的"字幕编辑＋翻译＋视频后期制作"工具，解决了译员上手难、多软件切换不便等问题，如图 10-2 所示。

在人人译视界平台界面中，界面上方是该平台的功能模块，本书的讲解包括"字幕编辑""小工具""设置三栏"。

界面左上方为视频显示窗口，窗口下方从左至右对应多种功能：停止、后退 3 秒、后退 1 秒、播放、前进一秒、前进 3 秒、设置 SRT 字幕样式、跳转到视频指定时间、隐藏或显示字幕、播放控制、改变选择行时间、改变后续行时间、改变全部行时间、对齐开始时间（W）、对齐结束时间（E）、选中字幕把视频移至字幕的开始时间、字幕跟踪、音量。

界面左下方为翻译功能区，原文与译文在此处对照显示。

界面右上方为时间轴。

界面左下方为字幕显示区。

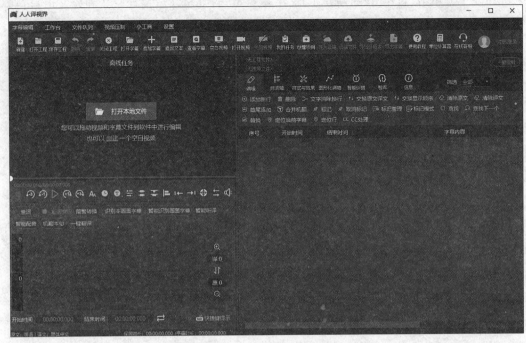

图 10-2　人人译视界平台界面

10.3.1　项目创建

准备好 2 分 30 秒的视频文件，在左上方单击"打开本地文件"按钮将视频导入，也可以直接将视频文件拖入，如图 10-3 所示。

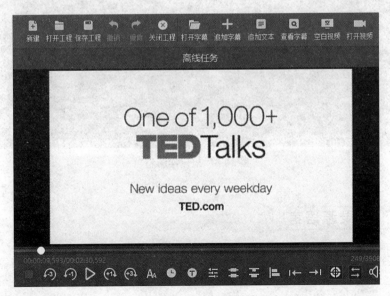

图 10-3　导入视频文件

在左上方单击"新建"按钮新建工程,字幕类型选择"SRT",设置原文和译文语言,选定行数,可以先预估视频字幕行数,后期依据情况增添或删改,如图 10-4 所示。

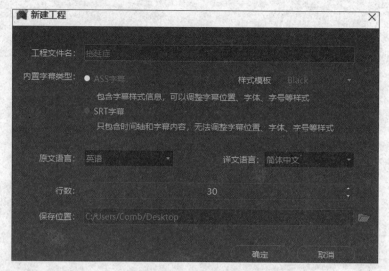

图 10-4　新建工程

单击"确定"按钮,界面上出现 30 条待编辑的字幕框,如图 10-5 所示。

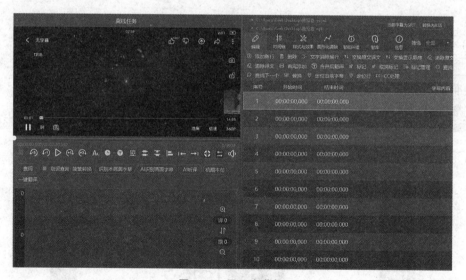

图 10-5　显示字幕框

10.3.2　听录源语言

如果客户未提供源语言文件,则需要人工听录或工具听录。

1. 人工听录

单击视频下方播放键(播停快捷键为 Alt＋P,前进或后退按左右箭头,跳转字幕按上下箭头），听清第一句话后暂停视频，在左下方译文框输入原文，单击箭头可以调换原文和译文位置，如图 10-6 所示。

图 10-6　人工听录

第一句录好后按下 Ctrl＋Enter 快捷键，保存并关闭编辑窗口，或按 Alt＋Enter 快捷键保存该句并自动打开下一行。

如果视频较长，以上操作会变得烦琐耗时，可试着删掉刚刚录好的第一句话，然后选择"小工具"选项卡，选择"视频听录"功能辅助人工听录，如图 10-7 所示。

图 10-7　选择"视频听录"功能

在弹出的听录窗口导入视频，下方字幕栏的操作较之前更加简便，可以快速录写原文。从上到下每行自动对应一条字幕框，每句话录好后按 Enter 键，继续录写下一行。如果不适应视频语速，可以在右侧变速播放框调节，如图 10-8 所示。

听录时无须担心听错、漏听、错行等问题，后续可以继续检查修改。完成录写后，选择该窗口下方的"导出到字幕编辑器"，录好的原文自动显示在"字幕编辑"页面，如图 10-9 所示。

图 10-8 "视频听录"功能及调速

图 10-9 "字幕编辑"页面

2. 工具听录

工具听录能在短时间内为译者提供视频字幕,有了源语言的字数及时长,便可向客户提供报价。这里选用讯飞听见进行演示。如果在听录阶段就希望获取视频对应的时间轴,也可以使用讯飞听见字幕同时获取原文和时间轴。

在讯飞听见网页上传视频,音频语言设置为"英文",取消勾选"区分说话人"(因为该视频演讲者只有一位),单击"提交转写"按钮,如图 10-10 所示。

等待转写完成,单击"查看结果"按钮,如图 10-11 所示。

单击"下载结果"按钮获取转写好的文件,如图 10-12 所示。

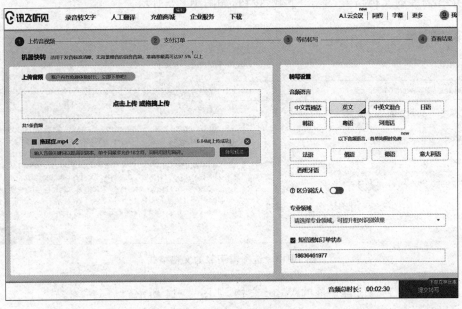

图 10-10 提交转写文件

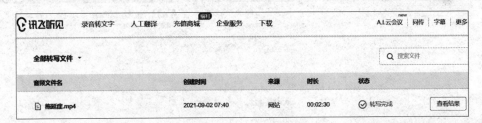

图 10-11 转写完成

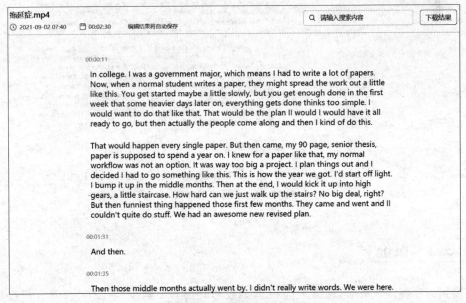

图 10-12 下载转写好的文件

选择需要的文档格式，单击"下载"按钮，如图 10-13 所示。

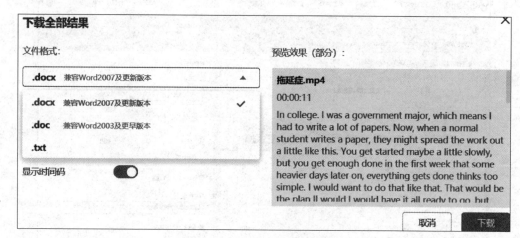

图 10-13　选择需下载的文档格式

这样便可得到源语言字幕的 Word 文档，如图 10-14 所示。

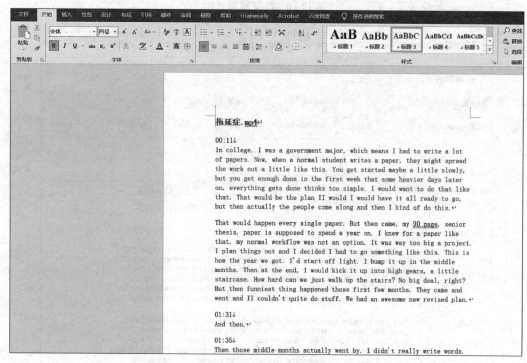

图 10-14　获得字幕文档

10.3.3　报价

接到一项翻译任务后，通常要先根据字数和时长等要素确定工作量，向客户提供报价，待双方沟通无误，再着手翻译。影视字幕翻译在市面上通常按照时长报价，但实际可综合考虑时长与字数报价，即报价中包含由视频时长决定的工程处理费用和原文字数决定的听录翻译费用。

10.3.4 时间轴制作

虽然听录工具可以生成带有时间轴的 SRT 字幕文件，节省手动打轴的时间，但出于人工听录后的打轴需要及工具听录后的调轴需要，仍需学会手动打轴。这里的时间"00：00：00,000"按照小时、分钟、秒、毫秒排列。

1. 快捷键打轴

人人译视界的打轴快捷键有对齐开始时间（W）、对齐结束时间（E）。选中第一条字幕开始播放视频，在讲话人刚要开口时按下暂停，选中字幕框中的"开始时间"并按 W 键，第一条字幕的开始时间就出现了，如图 10-15 所示。

序号	开始时间	结束时间	字幕内容
1	00:00:11,835	00:00:00,000	So in college
2	00:00:00,000	00:00:00,000	I was a government major
3	00:00:00,000	00:00:00,000	which means I had to wirte a lot of papers

图 10-15 开始时间

同理，第一句讲完时（讲话人闭口）暂停视频，选中"结束时间"并按 E 键，得到字幕的结束时间，第一句字幕的时间轴就打好了，如图 10-16 所示。

序号	开始时间	结束时间	字幕内容
1	00:00:11,835	00:00:13,107	So in college
2	00:00:00,000	00:00:00,000	I was a government major
3	00:00:00,000	00:00:00,000	which means I had to wirte a lot of papers

图 10-16 结束时间

打轴时，键盘上字母 P 键右边的"【""】""\"三个键可以用来倍速调节视频，该功能在字幕翻译审校时也会用到。此外，Ctrl＋G 快捷键（见软件设置栏目快捷键列表）能使视频画面跳转到某条字幕时间轴的开始处，Ctrl＋Shift＋G 快捷键能使视频跳转到结束处。反过来，当发现视频中某句话有问题，想要快速在多条字幕中定位对应内容，按下 Ctrl＋L 快捷键即可迅速找到。

2. 波形打轴

波形打轴就是在视频声音的声波图上截取时间轴，其操作类似于日常生活中的音乐剪裁,使用起来更加直观。

为抵消手动打轴的反应迟缓问题,人人译视界设有 300 毫秒的延迟功能,即快捷键打出的起止时间与 W/E 快捷键打出的时间轴相差 300 毫秒,如图 10-17 所示。但即使这样,手动操作快捷键打轴仍不够便捷,不够精确。如果客户对打轴精准度要求较高,可以将延迟时间设为零,此时按下暂停的时刻,就是字幕的起止时刻,没有自动延迟。

字幕编辑	工作台	文件队列	视频压制	小工具	设置
版本		快捷键对齐后字幕时间比按键时间 ● 提前(-) ● 延迟(+) 00:00:00,300			
路径					
播放		☑ 对齐结束时间后自动跳到下一行			
字幕编辑		▢ 使用音频时间对齐			
快捷键		☑ 双击时间轴精准挂载字幕			
关于					

图 10-17 "设置"栏显示 300 毫秒的延迟

与快捷键打轴相比,波形打轴功能更加形象,也更加精确。进行波形打轴前,需要先清除利用快捷键打好的时间轴,此处假设已打好了前 8 句字幕的时间轴,如图 10-18 所示。

序号	开始时间	结束时间	字幕内容
1	00:00:11,835	00:00:13,107	So in college
2	00:00:00,000	00:00:00,000	I was a government major
3	00:00:00,000	00:00:00,000	which means I had to wirte a lot of papers
4	00:00:00,000	00:00:00,000	now when a normal student writes papers
5	00:00:00,000	00:00:00,000	they might spread the work out a little like this
6	00:00:00,000	00:00:00,000	so you know
7	00:00:00,000	00:00:00,000	you get started maybe a little slowly
8	00:00:00,000	00:00:00,000	but you get enough done in the first week

图 10-18 视频前 8 句字幕

单击 1 号字幕,按下 Shift 键,再单击 8 号字幕,整个范围即可选中。右击,选择"字幕编辑"选项,单击"时间清零"按钮,选中范围内的字幕时间就被清除了,如图 10-19 所示。

时间轴清零后,单击页面右上方的"图形化调轴"→"生成波形"按钮,即可获得视频的波形时间轴,如图 10-20 所示。

序号	开始时间	结束时间	字幕内容
1	00:00:11,835	00:00:13,107	So in college
2	00:00:00,000	00:00:00,000	I was a government major
3	00:00:00,000	00:00:00,000	which means I had to wirte a lot of papers
4	00:00:00,000	00:00:00,000	now when a normal student writes papers
5	00:00:00,000	00:00:00,000	they might spread the work out a little like this
6	00:00:00,000	00:00:00,000	so you know
7	00:00:00,000	00:00:00,000	you get started maybe a little slowly
8	00:00:00,000	00:00:00,000	but you get enough done in the firs
9	00:00:00,000	00:00:00,000	
10	00:00:00,000	00:00:00,000	
11	00:00:00,000	00:00:00,000	

复制
粘贴
删除
字幕编辑
工具选项
滚动锁定
ASS特效

图 10-19　批量清零时间轴

图 10-20　选择"图形化调轴"

　　播放视频,波形轴会同步滚动,遇到第一句话的声波时,按下鼠标左键,前后移动刻度线,覆盖该句话对应的波形区域,如图 10-21 所示。

　　双击白色区域或单击下方的"√"图标,即可同时得到第一条字幕的开始时间和结束时间,被选区域上方还会出现字幕内容,对于打轴人员来说十分直观,如图 10-22所示。

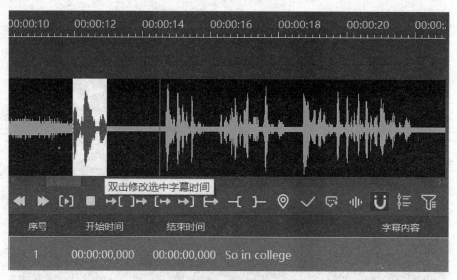

图 10-21　移动刻度线

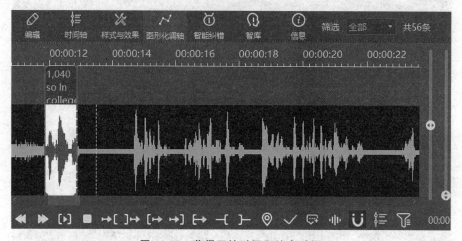

图 10-22　获得开始时间和结束时间

　　同时,波形打轴中还有许多好用的小功能:波形轴右侧的两道竖轴可以调节高低宽窄,以免出现波形太窄或太宽的情况,影响打轴过程和效果;借助波形轴下方的区间播放、区间外部及内部前后 500 毫秒播放、从区间开始播放到结束等功能,译者可以反复听取前后两句话的过渡声段,将时间轴调节至精确位置;为选中波形添加对话、显示筛选字幕(有无标记、批注或翻译)功能,可以用于打轴和翻译后的查缺补漏环节。

　　有了波形打轴,译者可以不用担心速度不够、反应不快的问题。这种图形化时间轴的优点在于直观、易上手,哪里有缺漏,一眼就能发现,在听录、打轴、翻译和校对环节都能派上用场。

　　3. AI 识别字幕打轴

　　听录环节既可以人工操作,也可以用工具辅助,那么打轴是否也可以这样呢? 答案是肯定的。此处选用绘影字幕进行演示。绘影字幕可以为用户提供视频处理服务,功能涵盖自动添加字幕、多语音识别、双语字幕翻译、字幕打轴等。

在网页搜索绘影字幕，打开工作台，选择"自动识别加字幕"一栏，单击"开始创作"按钮，如图 10-23 所示。

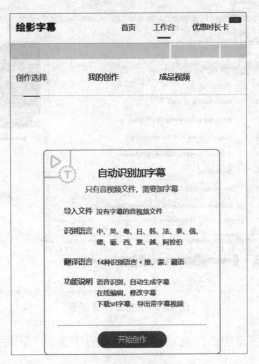

图 10-23　绘影字幕工作台

导入无字幕视频文件，选择"视频内容语种"，单击"下一步"按钮，如图 10-24 所示。

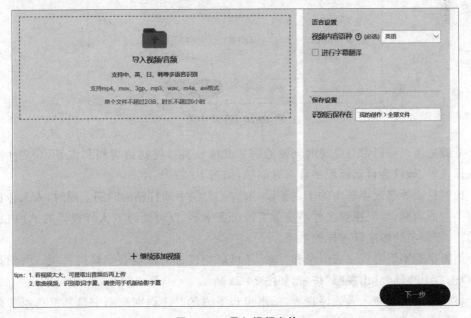

图 10-24　导入视频文件

按照指示操作完成付费后进行视频听录，用时大概几分钟，完成后打开成品，如图 10-25 所示。

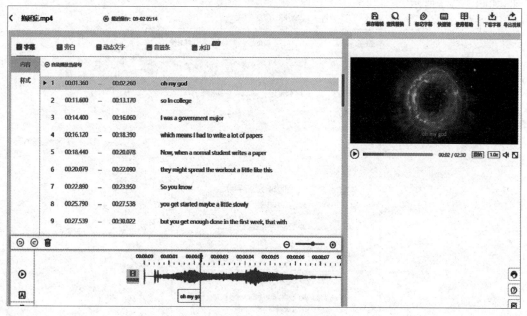

图 10-25　完成视频听录

绘影字幕还可识别每句话的起止时间，单击右上方的"下载字幕"按钮，选择 SRT 格式，如图 10-26 所示。

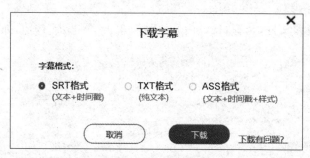

图 10-26　下载字幕

下载后便可获得带有完整时间轴的字幕文件。直接将初始视频和该 SRT 文件拖入人人译视界，软件会自动匹配字幕与时间轴，如图 10-27 所示。

此时只需要修改字幕中的个别错误，节省了大量手动打轴的时间。同时，人人译视界也有类似的功能，如果视频文件本身带有源语言字幕，便可通过人人译视界的 AI 识别字幕功能，得到与绘影字幕一样的效果。

绘影字幕不仅可以完成听录和打轴，还可以生成带有源语言字幕的视频。回到其页面，单击右上角的"导出视频"按钮，如图 10-28 所示。

将获取的视频导入人人译视界，单击窗口下方的"AI 识别画面字幕"，框选原字幕位置，如图 10-29 所示。

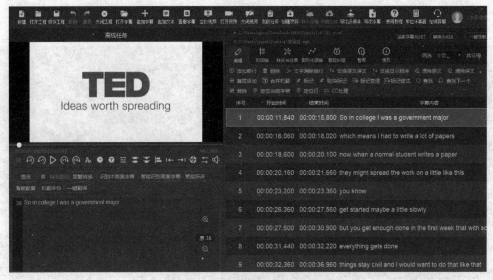

图 10-27　自动匹配字幕与时间轴

图 10-28　从绘影字幕导出视频

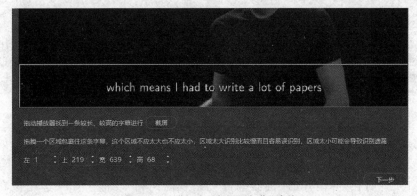

图 10-29　"AI 识别画面字幕"功能

单击"下一步"按钮，拾取字幕颜色，按照指示放大画面进行取色，如图 10-30 所示。

图 10-30　拾取字幕颜色

单击"下一步"按钮，单击左下角的"开始识别"按钮识别字幕，如图 10-31 所示。

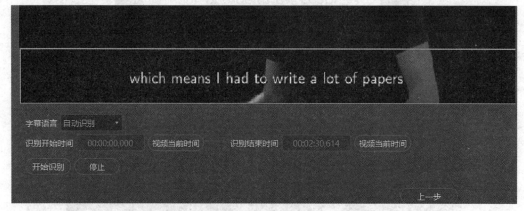

图 10-31　识别字幕

　　在此过程中，人人译视界可能会弹出提示"此功能仅对签约译员开放"。如想继续使用，需要在官网工作台提交个人简历，待审核通过，成为译视界认证译员，可获取一定量的 AI 听译时长，并能开通"机器翻译"和"智能纠错"功能。如果运用该功能完成了画面字幕识别，译视界会生成 SRT 文件，将该文件拖入译视界，就得到了全部的时间轴。

不过，AI识别难免会出现小错误，对于字幕行重复或缺失的现象，译者可以右击选择删除或插入新行，还可以进行字幕的拆分与合并。在人人译视界上方的"设置"栏，可以查找常用的快捷键，根据个人喜好习惯修改或移除快捷键，如图10-32所示。

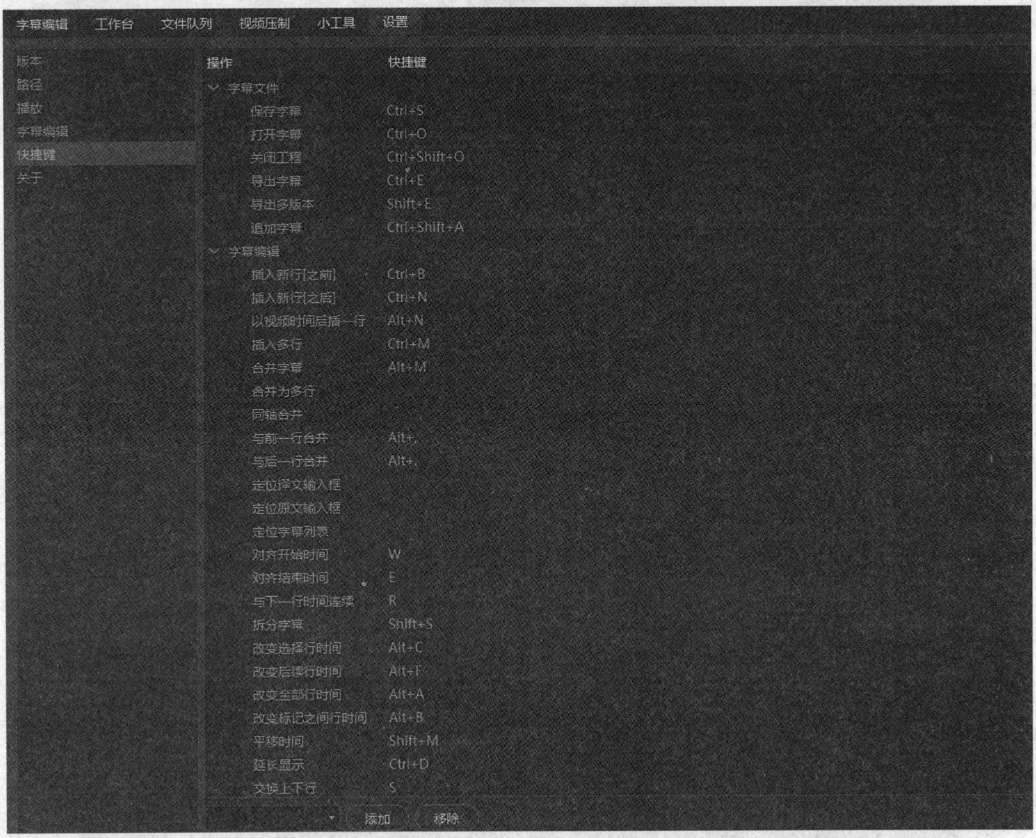

图 10-32　修改或移除快捷键

4. 帧的应用

如果想让时间轴更精确，需要运用帧（frame）的功能。暂停视频，运用 Shift＋左/右箭头可使视频后退或前进一帧，选择想要的那一帧对应的时间作为时间轴的开始时间或结束时间。需要注意的是，画面开始那一帧对应字幕的开始时间，画面结束那一帧的下一帧对应字幕的停止时间，因为结束帧的画面仍与字幕有联系，因此字幕不能在结束帧消失，要在结束帧的下一帧消失。

5. 时间轴平移

如果打轴已经完成，但客户要求所有字幕都应在讲话人开口 0.5 秒后出现，或提出要添加 1 分钟的片头曲，这种情况往往意味着大量的重复修改工作利用时间轴平移功能，就可以选定所有字幕或指定字幕的时间轴，整体向前或向后平移。单击"时间轴"按钮，选择"平移时间"，在弹窗中设置 500 毫秒，选择"改变全部行时间"，单击"确定"按钮，如图 10-33 所示。

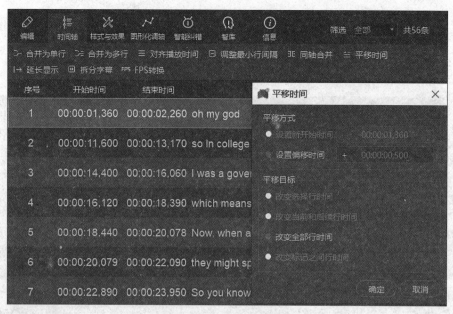

图 10-33　平移时间轴

10.3.5　翻译

视频字幕翻译与传统文本翻译一样，需要译员学会人机结合，在机器翻译的基础上进行修改。可以选择要翻译的字幕行，在左下角手动输入译文，也可以单击"机翻本句"按钮（付费），得到翻译结果，如图 10-34 所示。

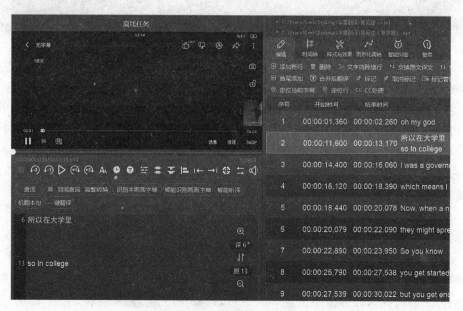

图 10-34　"机翻本句"功能

单击"一键翻译"按钮可获得全部字幕的机器翻译版本字幕,如图 10-35 所示。

图 10-35 "一键翻译"功能

遇到需要查询的原文或机器翻译译文时,可选中词语,单击"查询"按钮即可查词,如图 10-36 所示。

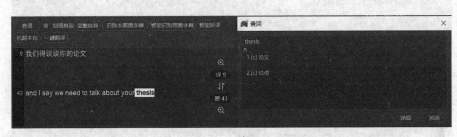

图 10-36 "查词"功能

翻译时经常会有单位换算的需要,人人译视界也提供了便捷计算的"单位计算器"功能,如输入 5 米,其他单位的换算数值便会出现,如图 10-37 所示。

图 10-37 "单位计算器"功能

当译者想查看同一个词对应的原文或译文时,可以采用"查找"功能,如图 10-38 所示

是出现"是"字的 7 句字幕。

图 10-38　批量"查找"功能

在翻译过程中,如果对某些地方不确定,可以用快捷键 T 标注出来(标注符号为一个红色的小图钉),在右侧选择"筛选"→"有标记",即可得到标记过的所有语句,如图 10-39 所示。

图 10-39　语句标记功能

10.3.6　译后质检

1. 批注

在对标注的文本添加批注时(如希望告诉译者哪里有错误需要改善),可以右击字幕句,单击"批注"按钮,输入修改建议,有批注的句子也可以筛选找出,如图 10-40 所示。

2. 纠错

人工翻译难以做到零失误,"智能纠错"功能可帮助改善这一问题。"智能纠错"功能可以进行包括时间轴除错、内容除错、拼写检查(需译员资格认证)、文字高亮、一致性检查、术语纠错,如图 10-41 所示。

其中,时间轴除错中的"持续时间超过/小于"可以帮助译员把控字幕持续的时间;内

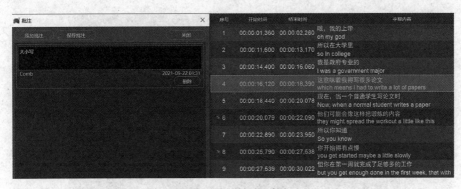

图 10-40　"批注"功能

容错除错可以解决字幕的字数与行数问题及出现的小错误等问题,如是否误将"的、地、得"作为字幕的开头词或结束词,或者是否在字词间误加空格等;一致性检查与术语纠错可用来检查英汉词条是否对应。

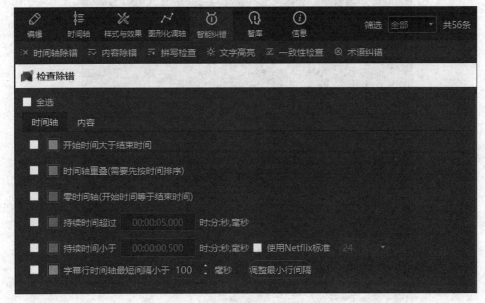

图 10-41　"智能纠错"功能

10.3.7　导出文件

完成检查后,单击"导出多版本"按钮,依据情况勾选文件格式,如图 10-42 所示。

这样一来,译者就完成了字幕翻译(包含校对)。

回顾影视字幕翻译的流程会发现,在完成字幕翻译后,视频文件还需要交由其他工种进行后期制作,最终压制成型。翻译作为其中的一环,对视频的信息传达有重要作用,译者需要形成整体意识,在翻译之余了解学习影视翻译其他工种运作的方式方法,拓展对CAT 工具的了解和使用。

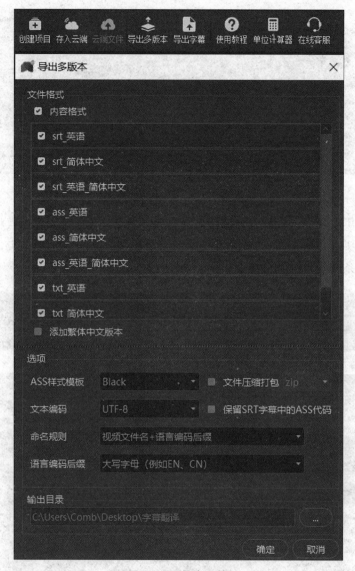

图 10-42　导出文件

10.4　综合练习

请准备一个无字幕、无脚本的外文视频，时长 1～3 分钟，使用人人译视界完成字幕翻译。

参 考 文 献

[1] 杨玉婉. 神经机器翻译的译后编辑——以《潜艇水动力学》英汉互译为例[J]. 中国科技翻译,2020,
    33(4):21-23.

[2] 朱慧芬,赵锦文,诸逸飞. 在线机器翻译的译后编辑原则研究——以"八八战略"为例[J]. 中国科技
    翻译,2020,33(2):24-27.

[3] 崔启亮,李闻. 译后编辑错误类型研究——基于科技文本英汉机器翻译[J]. 中国科技翻译,2015,
    28(4):19-22.

[4] 曹晋,张楠华. 新媒体、知识劳工与弹性的兴趣劳动——以字幕工作组为例[J]. 新闻与传播研究,
    2012,19(5):31-47.

[5] 郭少友. 元搜索引擎的原理与设计[J]. 情报科学,2005(2):245-248.

[6] 康琴. 浅谈搜索引擎——以谷歌、百度、Bing、雅虎为例[J]. 内蒙古科技与经济,2010(16):141-142.

[7] 匡文波. "新媒体"概念辨析[J]. 国际新闻界,2008(6):66-69.

[8] 李和庆,薄振杰. 规范与影视字幕翻译[J]. 中国科技翻译,2005(2):44-46.

[9] 李运兴. 字幕翻译的策略[J]. 中国翻译,2001(4):38-40.

[10] 刘喜琴,Mark Davies. BYU 语料库系统及其语言研究应用[J]. 中国教育信息化,2017(9):38-43.

[11] 钱绍昌. 影视翻译——翻译园地中愈来愈重要的领域[J]. 中国翻译,2000(1):61-65.

[12] 邵庆海. 新媒体定义剖析[J]. 中国广播,2011(3):63-66.

[13] 孙东云. BCC 汉语语料库在英汉翻译教学中的应用[J]. 外语教学理论与实践,2018,163(3):
    71-78.

[14] 王华树,李莹. 翻译技术简明教程[M]. 广州:世界图书出版公司,2019.

[15] 王华树. 计算机辅助翻译实践[M]. 北京:国防工业出版社,2015.

[16] 王华树. 信息化时代背景下的翻译技术教学实践[J]. 中国翻译,2012,33(3):57-62.

[17] 徐建华. 网络搜索引擎原理、特性分析及未来发展趋势[J]. 图书情报工作,2000(8):34-38.

[18] 闫晓珊,蓝红军. 国内视听翻译研究综述(2000—2020)——基于翻译研究相关期刊的分析[J]. 语
     言与翻译,2021(2):64-70.

[19] 赵宁. 试析电影字幕限制因素及翻译策略[J]. 中国民航学院学报,2005(5):55-59.

[20] 甄凤超. 语料库语言学研究热点追踪与思考[J]. 当代外语研究,2020(6):89-100.

[21] 郑宝璇. 电影字幕的语内和语际翻译[J]. 中国翻译,2011,32(4):75-78.